Thierry VELU

Comprendre et réinventer la France

ISBN : 978-2-3225-5911-4

© 2025 Thierry VELU

Édition : BoD · Books on Demand, 31 avenue Saint-Rémy, 57600 Forbach,

bod@bod.fr

Impression : Libri Plureos GmbH, Friedensallee 273, 22763 Hamburg

(Allemagne)

Dépôt légal : Janvier 2025

Du même auteur

Sauveteurs de la dernière chance
Éditions Les 2 Encres, 2003

Séismes et autres catastrophes : sommes-nous préparés ?
Éditions Les 2 Encres, 2005

26 décembre 2004, Tsunami, le jour où la mer a tué
Éditions Les 2 Encres, 2005

Un monde plus juste pour demain… c'est possible, le sais-tu ?
Éditions Henry, 2007

L'avenir, quel devenir ?
L'homme face aux catastrophes naturelles
Éditions Les 2 Encres, 2010

Si vous saviez ! La rue, une réalité
Éditions Les 2 Encres, 2014

La mascarade démasquée - *Éditions BoD, 2020*

L'humanitaire expliqué aux enfants - *Éditions BoD, 2020*

Le mystère des séismes - *Éditions BoD, 2024*

Comprendre, c'est ouvrir la voie à l'action.
Réinventer, c'est donner à la France
une chance de renaître
avec force et justesse.

Thierry Velu

Le véritable changement commence
par la compréhension et l'envie
de bâtir un futur
où chacun trouve sa place.
Le reste appartient à ceux qui agiront.

Thierry Velu

SOMMAIRE

Chapitre 1 : Une voix parmi d'autres, mais engagée

Chapitre 2 : Un pays figé dans ses contradictions

Chapitre 3 : Emploi et travail : les défis du quotidien

Chapitre 4 : Immigration et intégration : défis et réalités

Chapitre 5 : L'Europe face à ses responsabilités

Chapitre 6 : Justice et équité : le pilier d'une société en déclin

Chapitre 7 : Éducation et jeunesse : construire l'avenir d'une nation

Chapitre 8 : Santé et solidarité : un système à rééquilibrer

Chapitre 9 : Environnement et écologie : Une transition pragmatique et collective

Chapitre 10 : Fiscalité et emploi : Libérer le travail et stimuler l'investissement

Chapitre 11 : La bureaucratie en France : Freins, absurdités et solutions

Chapitre 12 : Décentralisation et gouvernance locale :
Rééquilibrer les pouvoirs

Chapitre 13 : Souveraineté économique et industrielle :
Relocaliser pour mieux produire

Chapitre 14 : Vision internationale : La France dans le monde

Chapitre 15 : Le rôle des médias : Informer ou influencer ?

Chapitre 16 : Redonner espoir et sens à la France

Chapitre 1
Une voix parmi d'autres,
mais engagée

Je ne suis ni économiste, ni une personnalité politique, bien que j'aie parfois rêvé de contribuer, depuis ces sphères, à changer les choses. Je suis simplement le président d'une association, un citoyen au contact direct des réalités du terrain. À travers mes activités, j'observe chaque jour le recul de la France, ses blocages et les difficultés croissantes qu'elle rencontre pour avancer.

En tant qu'observateur impliqué, je vois un pays riche de son histoire, de son génie humain et de sa diversité. Mais je constate aussi une France paralysée par des choix politiques souvent dictés par l'électoralisme, un politiquement correct pesant, et une peur presque obstinée de changer. Les contradictions sont nombreuses : des lois votées mais inappliquées, des réformes annoncées puis abandonnées, et des inégalités qui creusent des fractures au sein de notre société.

Ce livre n'est ni une thèse académique, ni un programme politique. C'est un témoignage sincère, une réflexion basée sur mon expérience personnelle, avec l'ambition de contribuer à une prise de conscience collective. Je veux partager ici mes observations, mes indignations, mais aussi des pistes de solutions pour permettre à la France de retrouver son dynamisme et son espoir.

Nous aborderons les questions fondamentales : le travail et son rôle central, une justice plus équitable, une fiscalité mieux adaptée, une éducation qui redonne du sens, une écologie pragmatique et ambitieuse, et bien sûr, la place de la France dans le monde. Chaque thème sera exploré avec le même objectif : comprendre, analyser et proposer.

La France est à la croisée des chemins. Ce livre est une invitation à poser un regard lucide sur nos faiblesses, mais aussi sur nos forces. Ensemble, nous pouvons retrouver une France forte, solidaire et respectée. Ce chemin demande du courage, de la volonté, et surtout une vision commune.

Chapitre 2
Un pays figé dans ses contradictions

La France, terre de révolutions et d'innovations, semble aujourd'hui engluée dans un paradoxe : celui d'un pays fier de son histoire, mais incapable de se libérer des contraintes qu'il s'impose. Nous avons construit un modèle social parmi les plus protecteurs du monde, une démocratie qui prône l'égalité et une économie qui se veut compétitive. Pourtant, ces piliers, qui devraient nous propulser vers l'avant, semblent désormais nous retenir.

Les contradictions sont nombreuses et visibles à tous les niveaux de la société. On parle souvent de réforme, mais on s'arrête à mi-chemin, paralysés par des débats interminables et la peur de froisser certaines sensibilités. Les décisions prises par nos dirigeants, souvent motivées par l'électoralisme, ne répondent pas toujours aux véritables besoins du pays. Les exemples ne manquent pas : des lois votées mais inappliquées, des réformes engagées puis abandonnées, ou encore des promesses électorales oubliées dès la victoire acquise.

Le politiquement correct, devenu une norme tacite, empêche de poser les bonnes questions et d'agir avec pragmatisme. Nous vivons dans une société où la crainte de heurter ou de déplaire l'emporte sur le bon sens. Résultat : des problèmes bien identifiés restent sans réponse, et les tensions s'accumulent.

Prenons l'exemple du débat sur les retraites. Chaque gouvernement, depuis des décennies, annonce une réforme nécessaire pour garantir la pérennité du système. Mais à chaque tentative, les concessions accordées aux uns et les compromis imposés aux autres aboutissent à des demi-mesures inefficaces. Cette incapacité à aller au bout des choses illustre un pays qui hésite entre conserver ses acquis et s'adapter aux réalités du monde moderne.

Autre paradoxe : la France est l'un des pays les plus taxés au monde, avec une pression fiscale qui pèse lourdement sur les ménages et les entreprises. Pourtant, malgré cet effort financier colossal, les services publics peinent à répondre aux attentes. L'éducation stagne, l'hôpital est en crise, et les infrastructures vieillissent. On demande beaucoup, mais on donne peu en retour, alimentant frustration et incompréhension chez les citoyens.

Ces contradictions ne sont pas qu'économiques ou politiques ; elles se ressentent aussi au niveau social. La montée des inégalités, le sentiment d'abandon dans les territoires ruraux et la fracture entre générations sont autant de signes d'un malaise profond. La société française est comme un navire qui avance à tâtons, sans capitaine clair pour définir une direction.

Dans ce chapitre, nous explorerons ces blocages, ces décisions manquées et ces opportunités gâchées. Il ne s'agit pas ici de pointer du doigt des responsables, mais de comprendre pourquoi et comment nous en sommes arrivés là. Car pour envisager un avenir meilleur, il faut d'abord reconnaître et accepter les failles du présent.

Pour comprendre les blocages de la France, il faut d'abord se pencher sur ses fondations modernes. Le modèle français s'est construit sur des idéaux forts : égalité, solidarité et justice sociale. Ces principes ont donné naissance à des avancées majeures, comme le système de sécurité sociale, l'éducation accessible à tous et une protection des travailleurs enviée à l'international.

Mais ces acquis, au lieu d'évoluer avec leur temps, se sont figés. Ils sont devenus des piliers immuables, presque sacrés, que personne n'ose remettre en question de peur d'être accusé de les détruire. Pourtant, dans un monde en constante mutation, s'accrocher à un *statu quo* dépassé, c'est prendre le risque de sombrer.

Penchons-nous sur l'exemple des services publics. En théorie, ils incarnent l'égalité d'accès pour tous, qu'on vive à Paris ou dans un village isolé. En pratique, la réalité est bien différente. Les hôpitaux ferment dans les zones rurales, les gares disparaissent, et l'accès à internet reste un défi pour de nombreux foyers. Ce déclin est le résultat d'années d'inertie et d'un manque de vision à long terme.

Le centralisme français aggrave cette situation. Les décisions, prises à Paris, ne tiennent souvent pas compte des spécificités des territoires. On impose des solutions uniformes à des problématiques variées, ce qui crée des tensions entre les grandes métropoles et les régions oubliées. Cet écart grandissant nourrit un sentiment d'abandon chez ceux qui ne se sentent plus représentés ni entendus.

Un autre exemple frappant réside dans la gestion des crises. Qu'il s'agisse de la pandémie, des catastrophes naturelles ou des tensions sociales, la France agit souvent dans l'urgence, sans anticipation ni stratégie claire. Ce manque de préparation illustre une incapacité à s'adapter rapidement et efficacement à des situations imprévues.

Ajoutons à cela le poids des réglementations. La France est souvent perçue comme un pays où tout est compliqué. Que vous soyez un entrepreneur qui veut créer une entreprise, un citoyen qui cherche à obtenir un permis de construire ou un agriculteur qui doit se conformer à des normes européennes, le constat est le même : une lourdeur administrative qui décourage l'initiative et freine l'innovation.

Mais ce qui paralyse le plus, c'est le refus de changer. Chaque réforme ou projet de transformation se heurte à des résistances multiples : syndicats, groupes d'intérêts, bureaucratie ou simplement peur du changement. Cette opposition systématique au moindre ajustement renforce l'idée que rien n'est possible. Pourtant, dans un monde globalisé, l'immobilisme est une voie dangereuse. Les autres avancent, et nous restons à quai.

Cependant, il serait injuste de ne voir que des failles. La France possède toujours des atouts considérables : un patrimoine culturel unique, un savoir-faire industriel, des talents dans tous les domaines et une jeunesse pleine de potentiel. Ce qui manque, c'est une capacité collective à utiliser ces forces pour surmonter les défis.

Pour approfondir cette réflexion, il est essentiel de comprendre que les blocages actuels de la France ne sont pas simplement économiques ou structurels. Ils trouvent également leurs racines dans une forme de mentalité collective où la peur du changement domine, alimentée par des décennies d'habitudes et de compromis. Cette mentalité agit comme un frein puissant à toute transformation.

L'électoralisme : un frein à la vision à long terme

Un des aspects les plus problématiques de notre système est l'électoralisme, cette obsession des politiques pour le court terme. Chaque décision semble guidée par la nécessité de gagner les prochaines élections plutôt que par l'intérêt général ou la vision à long terme. Cela aboutit à des mesures temporaires, souvent populistes, qui évitent soigneusement les réformes nécessaires mais impopulaires.

Prenons par exemple les débats récurrents sur les retraites ou la transition écologique. Plutôt que de poser les bases solides d'un changement, les gouvernements successifs préfèrent temporiser ou présenter des réformes incomplètes. Ce cycle perpétuel d'annonces suivies de reculades engendre un sentiment d'immobilisme et nourrit la défiance des citoyens.

Un pays ne peut avancer sans une vision claire et ambitieuse pour son avenir. Les grandes nations qui réussissent aujourd'hui ont su se projeter sur plusieurs décennies, en adaptant leurs politiques aux évolutions du monde. La France, elle, semble coincée dans un cercle où l'immédiateté prend le pas sur la planification.

Un modèle social sous tension

L'un des piliers de l'identité française est son modèle social. Conçu pour protéger les citoyens et réduire les inégalités, ce modèle est aujourd'hui mis à rude épreuve. La mondialisation, le vieillissement de la population et la montée des inégalités économiques créent des pressions immenses sur les finances publiques.

Pourtant, plutôt que d'adapter ce modèle aux réalités contemporaines, la France s'accroche à des structures dépassées. Résultat : les déficits se creusent, les systèmes de solidarité s'affaiblissent, et les tensions sociales s'amplifient. L'exemple du système de santé est frappant : autrefois exemplaire, il est aujourd'hui en crise, avec des hôpitaux saturés et un personnel à bout de souffle.

L'immobilisme ne fait qu'aggraver la situation. Des réformes courageuses sont nécessaires, mais elles exigent un dialogue national basé sur la transparence et la confiance – deux éléments qui manquent cruellement dans le climat politique actuel.

La fracture territoriale : deux France qui s'éloignent

Un autre paradoxe français est la fracture croissante entre les grandes métropoles et les territoires ruraux. Les premières concentrent l'essentiel des opportunités économiques, des infrastructures modernes, et des investissements publics. Les secondes, en revanche, subissent un déclin marqué : fermetures de services publics, désertification médicale, et abandon des jeunes qui partent chercher un avenir meilleur ailleurs.

Cette dualité crée une France à deux vitesses. D'un côté, les grandes villes mondialisées qui avancent, et de l'autre, des régions entières qui se sentent oubliées. Ce sentiment d'abandon nourrit des frustrations qui s'expriment lors des crises sociales, comme celle des Gilets Jaunes. Pourtant, ces territoires regorgent de potentiel, à condition de leur donner les moyens de se développer.

Le rôle des citoyens : entre résignation et colère

Face à ces contradictions, les citoyens oscillent entre résignation et colère. Beaucoup ne croient plus en leur capacité à changer les choses. L'abstention électorale atteint des niveaux record, signe d'un désintérêt profond pour le jeu politique. À l'inverse, d'autres expriment leur mécontentement dans la rue, parfois avec une violence qui reflète la gravité du malaise.

Pour sortir de cette impasse, il faut réengager les citoyens dans le débat public. Cela passe par une démocratie plus participative, où les décisions sont prises en concertation avec ceux qu'elles concernent. Mais cela nécessite également de restaurer la confiance dans les institutions, ce qui ne pourra se faire qu'en montrant des résultats concrets.

Un espoir malgré tout

Malgré ce tableau sombre, la France possède des atouts immenses. Sa créativité, son patrimoine, son éducation de qualité et sa position stratégique en Europe sont autant de forces sur lesquelles elle peut s'appuyer. Ce qui manque, c'est un leadership capable de mobiliser ces ressources pour relever les défis de notre époque.

Les exemples internationaux montrent qu'il est possible de réformer un modèle social tout en préservant ses fondements. Des pays comme la Suède, l'Allemagne ou encore le Danemark ont su adapter leurs systèmes aux défis contemporains grâce à des réformes courageuses et une vision à long terme. Ces transformations, souvent douloureuses au départ, ont permis de redynamiser leurs économies, de renforcer leur cohésion sociale et de répondre aux attentes de leurs citoyens.

La France, riche de son histoire et de ses ressources, n'est pas condamnée à l'immobilisme. Elle possède les atouts nécessaires pour relever les défis qui s'imposent à elle. Cependant, cela nécessite un changement de mentalité, une volonté collective d'affronter les réalités et une capacité à dépasser les intérêts partisans.

Les exemples de nos voisins nous rappellent qu'il n'y a pas de fatalité. Chaque crise est une opportunité de réinventer, d'améliorer et de moderniser. Mais pour cela, il faut du courage politique, une vision claire, et surtout, une confiance renouvelée entre les citoyens et leurs institutions.

"La France a tout pour réussir, mais elle doit se libérer de ses chaînes invisibles : celles de l'immobilisme, du court-termisme et de la peur du changement."

Chapitre 3
Emploi et travail :
Les défis du quotidien

L'emploi est l'un des piliers de la stabilité économique et sociale d'un pays. Pourtant, en France, il est aussi l'une des plus grandes sources de tension et d'inquiétude. Avec un taux de chômage qui reste élevé, une précarisation croissante des emplois et une inadéquation entre l'offre et la demande sur le marché du travail, le constat est sans appel : notre système est en difficulté.

Le travail n'est pas seulement une question économique, c'est aussi une question de dignité et d'intégration. Travailler, c'est s'épanouir, contribuer à la société et construire un avenir. Mais aujourd'hui, de nombreux Français se heurtent à des obstacles qui les empêchent de trouver leur place. Pire encore, le travail semble parfois dévalorisé, face à un système où certains, exploitant ses failles, remettent en question la notion même d'effort et de mérite.

Un témoignage personnel : l'impact des dysfonctionnements sur une association humanitaire

En tant que président d'une association humanitaire, j'ai été confronté à des problématiques qui illustrent les défis du monde du travail en France. Ces expériences m'ont permis de constater à quel point certains comportements ou manquements peuvent avoir des répercussions importantes, non seulement sur une structure, mais aussi sur sa mission.

Nous avons dû faire face à des arrêts maladie de complaisance, à des refus de certains employés de respecter les horaires ou d'accepter des ajustements nécessaires à leur poste. Un cas marquant a été celui d'un salarié qui, le jour même d'une intervention de secours urgente, a refusé de réaliser des heures supplémentaires, mettant en péril la mission.

Ces comportements ont entraîné des pertes financières considérables pour l'association, mais pire encore, ils ont parfois laissé l'ensemble de la structure entre les mains de ma femme et moi-même. Pendant des semaines, nous avons dû assurer seuls la gestion, les interventions et le suivi de l'association, faute de pouvoir compter sur un personnel fiable et engagé.

Cela a également eu un impact personnel significatif. Contrairement à un magasin que l'on peut fermer temporairement, une association humanitaire ne peut tout simplement pas cesser ses activités. Depuis de nombreuses années, je n'ai pas eu de véritables congés, car la continuité de notre mission ne permet aucun répit.

Ce témoignage illustre un problème plus large : la fragilité du lien entre employeur et salarié dans certains contextes. Quand les responsabilités ne sont pas assumées de manière équitable, cela affecte non seulement les structures elles-mêmes, mais aussi les bénéficiaires et les causes qu'elles servent.

Le chômage : une fatalité ou un problème structurel ?

La France est l'un des pays européens où le chômage reste structurellement élevé, notamment chez les jeunes et les seniors. Cette situation résulte d'un enchevêtrement de facteurs bien identifiés :

1. Rigidité du marché du travail :
Le Code du travail français, complexe et contraignant, dissuade souvent les entreprises d'embaucher. Les PME, en particulier, hésitent à recruter face à l'incertitude juridique et aux obligations coûteuses liées aux embauches et licenciements.
• *Proposition :* Introduire un contrat de travail simplifié, offrant des garanties essentielles aux salariés tout en permettant plus de flexibilité aux employeurs.

2. Formation inadaptée :
Chaque année, des milliers de jeunes diplômés peinent à trouver un emploi correspondant à leurs compétences, tandis que certains secteurs, comme le bâtiment ou le numérique, manquent cruellement de main-d'œuvre.
• *Proposition :* Mettre en place un partenariat entre écoles, universités, et entreprises pour anticiper les besoins futurs.

3. Disparités territoriales :

Le chômage varie considérablement selon les régions. Les zones rurales et les anciennes régions industrielles sont les plus touchées, renforçant le sentiment d'abandon.

• *Proposition :* Créer des pôles d'activité en zones rurales, soutenus par des allègements fiscaux et des investissements publics.

Précarité et nouvelles formes de travail

Si le chômage est une réalité, la précarité en est une autre. De plus en plus de travailleurs alternent entre contrats courts, intérim et périodes de chômage, sans réelle stabilité. Par ailleurs, l'essor des plateformes numériques et du travail indépendant crée de nouvelles opportunités, mais aussi des inégalités.

1. Travail à la tâche et précarisation :

Les travailleurs des plateformes numériques, comme les livreurs ou les chauffeurs, n'ont souvent pas accès aux protections sociales traditionnelles.

• *Proposition :* Instaurer un "socle universel de protection sociale" pour garantir un minimum de droits à tous, indépendamment de leur statut.

2. Valoriser les métiers essentiels :

De nombreux secteurs clés, comme les soins ou l'éducation, souffrent d'un manque de reconnaissance et de rémunérations insuffisantes.

• *Proposition* : Revaloriser ces métiers par des augmentations salariales et une amélioration des conditions de travail.

Des exemples internationaux pour inspirer la France

Plusieurs pays ont montré qu'il est possible de réformer le marché du travail tout en maintenant une forte solidarité :

1. Danemark – Flexisécurité :
• Un système combinant flexibilité pour les entreprises (facilité d'embauche et de licenciement) et sécurité pour les travailleurs (allocations chômage généreuses et programmes de réinsertion).
• Ce modèle a permis de maintenir un faible taux de chômage tout en protégeant les salariés.

2. Allemagne – Réformes Hartz :
• Simplification des procédures d'embauche, réduction des allocations chômage pour inciter au retour à l'emploi, et soutien massif à la formation professionnelle.
• Résultat : une baisse significative du chômage et une relance de l'économie.

3. Canada – Politique d'immigration économique :
• L'immigration ciblée pour combler les pénuries de main-d'œuvre dans des secteurs clés, associée à un soutien à l'intégration rapide des nouveaux arrivants.
• Ce modèle a permis de stimuler la croissance économique et de diversifier le marché du travail.

4. Suède – Réforme des retraites et flexibilité :

• Introduction d'un système de comptes notionnels pour garantir la durabilité des retraites, couplé à une flexibilité accrue sur le marché du travail.

• Cela a permis de réduire les dépenses publiques tout en maintenant un haut niveau de protection sociale.

La question de l'emploi en France va bien au-delà des chiffres. Elle touche à l'essence même de la société : le mérite, la dignité et la justice sociale. Si la France veut retrouver le plein emploi et redonner au travail sa valeur, elle doit entreprendre des réformes courageuses, renforcer la solidarité, mais aussi responsabiliser ceux qui abusent du système.

Le travail doit redevenir un vecteur d'épanouissement, un moteur de progrès et un pilier d'équité. Ce n'est qu'en agissant sur tous les fronts – formation, protection sociale, fiscalité, valorisation des efforts – que nous pourrons relever ce défi fondamental pour l'avenir du pays.

Les exemples internationaux nous montrent qu'il est possible de concilier solidarité, efficacité et modernité.

Enfin, il ne faut jamais oublier l'importance de l'engagement individuel et collectif. Comme le montre l'expérience de notre association, le travail n'est pas seulement une fonction économique : c'est aussi une mission, un moyen de contribuer à un monde meilleur. Mais cela demande que chacun, à son niveau, respecte ses engagements pour bâtir une société équilibrée et juste.

Chapitre 4
Immigration et intégration :
défis et réalités

Les défis migratoires contemporains

L'immigration est l'un des enjeux majeurs auxquels la France est confrontée aujourd'hui. Elle soulève des questions d'ordre humanitaire, économique, social et sécuritaire. Les flux migratoires actuels, qu'ils soient dirigés vers le Royaume-Uni ou liés à des situations de crise dans les pays d'origine, exacerbent des tensions au sein de la société française. Ces défis nécessitent des réponses équilibrées, mêlant fermeté et soutien au développement, pour garantir à la fois le respect des lois et des valeurs républicaines.

Les récentes situations, notamment les traversées clandestines vers l'Angleterre et le refus de certains pays comme l'Algérie de reprendre leurs ressortissants expulsés, illustrent les limites des politiques migratoires actuelles.

Les flux migratoires vers le Royaume-Uni : une pression sur la France

Les côtes du Nord de la France, notamment à Calais et Dunkerque, sont devenues des points de passage critiques pour des milliers de migrants cherchant à traverser la Manche. Ces traversées, qui ont atteint des niveaux records en 2024, représentent un défi humanitaire, logistique et diplomatique.

Pourquoi le Royaume-Uni attire-t-il autant ?

• Le marché de l'emploi britannique est perçu comme plus accessible, avec de nombreuses opportunités non déclarées et des politiques de contrôle perçues comme plus souples.
• L'absence d'un système biométrique national simplifie la régularisation pour les clandestins.
• Des liens culturels et linguistiques forts, ainsi que la présence de diasporas établies, incitent de nombreux migrants à choisir cette destination.

Conséquences pour la France :

• Les camps autour de Calais, bien que régulièrement démantelés, se reconstituent sans cesse, posant des défis humanitaires majeurs.
• La surveillance des côtes mobilise des ressources considérables, sans toutefois endiguer les traversées.
• Les tensions avec le Royaume-Uni s'intensifient, ce dernier reprochant à la France son manque d'efficacité, tandis que Paris accuse Londres de ne pas assumer ses responsabilités.

Coopération internationale et responsabilité partagée

La gestion des flux migratoires ne peut reposer uniquement sur la France. Une coopération renforcée avec les pays d'origine et les nations européennes est indispensable pour trouver des solutions durables.

Le cas de l'Algérie : un exemple des limites actuelles

• En janvier 2025, l'expulsion de l'influenceur algérien Doualemn, renvoyé pour incitation à la haine, a révélé les difficultés rencontrées. Refusé par les autorités algériennes, il a été contraint de revenir en France, soulignant les failles des Obligations de Quitter le Territoire Français (OQTF).
• Cette situation alimente un sentiment d'impuissance et d'injustice parmi les citoyens français, renforçant la défiance envers les politiques migratoires.

Des solutions à mettre en œuvre :

1. Conditionner les relations diplomatiques et économiques :
• Réduire les aides au développement pour les pays refusant de reprendre leurs ressortissants.
• Limiter l'octroi de visas aux ressortissants de ces nations tant qu'aucune coopération n'est établie.

2. Soutenir le développement des pays d'origine :
• Investir dans l'éducation, les infrastructures et l'économie locale pour offrir des opportunités aux populations locales.

• Responsabiliser les entreprises internationales opérant dans ces pays afin qu'elles contribuent réellement au développement local et évitent l'exploitation des ressources sans retombées économiques.

Lutter contre l'immigration illégale et les réseaux de passeurs

Les réseaux de passeurs, qui exploitent la détresse des migrants, sont un obstacle majeur à la gestion des flux migratoires.

Mesures à prendre :

• Renforcer les sanctions contre les passeurs, avec des peines alourdies pour les membres de réseaux organisés.

• Collaborer avec les pays de transit pour démanteler ces filières à la source.

• Proposer des alternatives légales, comme des visas de travail adaptés aux besoins économiques français, pour réduire l'attractivité des voies illégales.

Renforcer les valeurs républicaines et l'ordre public

L'immigration en France doit être conditionnée au respect des valeurs fondamentales de la République.

• **Renvoi systématique :** Les étrangers ou naturalisés ayant commis des infractions graves doivent être renvoyés dans leur pays d'origine.

• **Déchéance de nationalité :** Pour les cas extrêmes de crimes graves contre les valeurs républicaines, la déchéance de nationalité, déjà prévue par la loi, doit être appliquée avec rigueur et étendue à d'autres cas, dans le respect des normes internationales.

Coopération européenne et bilatérale

La gestion des flux migratoires nécessite une réponse collective au niveau européen et bilatéral :

• **Réformer le système de Dublin :** Mieux répartir les demandeurs d'asile entre les pays membres pour alléger la pression sur les nations de première entrée comme la France.

• **Créer des centres conjoints avec le Royaume-Uni :** Ces structures permettraient de traiter rapidement les demandes d'asile et d'éviter les traversées dangereuses.

Faisabilité des mesures proposées

Les mesures évoquées dans ce chapitre sont techniquement réalisables, mais leur mise en œuvre nécessite des efforts diplomatiques, des réformes juridiques et des investissements :

• **À court terme :** Renforcer les sanctions contre les passeurs, limiter les visas pour les pays non coopératifs, et améliorer les capacités des centres de rétention.

• **À moyen terme :** Mettre en œuvre des accords bilatéraux et des politiques de développement dans les pays d'origine.

• **À long terme :** Réformer le système de Dublin et investir dans des solutions durables pour réduire les flux migratoires.

Une gestion équilibrée et juste

La gestion des flux migratoires nécessite un équilibre entre fermeté et humanité. En combinant des actions à court terme pour lutter contre l'immigration illégale et des initiatives à long terme pour s'attaquer aux causes profondes, la France peut répondre à ces défis tout en restant fidèle à ses valeurs républicaines.

C'est par une approche globale, pragmatique et solidaire que la France pourra regagner la maîtrise de ses politiques migratoires et restaurer la confiance de ses citoyens.

Chapitre 5
L'Europe face à ses responsabilités

Une Union fragmentée face aux défis

L'Europe, née de la volonté de paix et de coopération, se trouve aujourd'hui à un carrefour. L'idée européenne, ambitieuse et unique, est minée par des tensions internes, des intérêts nationaux divergents et un manque de coordination entre les États membres. Ce déficit de coopération apparaît notamment dans des domaines clés tels que la justice, la fiscalité, la gestion migratoire et les politiques économiques.

La France, comme chaque État membre, doit se positionner clairement : voulons-nous une Union européenne véritablement intégrée, avec des règles communes appliquées uniformément, ou préférons-nous préserver des souverainetés nationales qui limitent l'efficacité collective ? Cette ambiguïté affaiblit autant l'Union que ses membres et exige désormais des réponses claires.

Un manque réel de coopération : le constat

Des lois appliquées à géométrie variable

L'Union européenne repose sur des traités et des règlements censés s'appliquer uniformément à tous les pays membres. Pourtant, dans les faits, certains États comme la Hongrie et la Pologne contestent régulièrement les décisions européennes, notamment en matière de justice et de droits fondamentaux. À l'inverse, d'autres pays ne respectent les règles que lorsqu'elles servent leurs intérêts, nourrissant un opportunisme qui fragilise l'idée même de coopération européenne.

Des divergences fiscales importantes

Certains pays, comme l'Irlande et le Luxembourg, offrent des régimes fiscaux très avantageux aux multinationales, créant une concurrence déloyale au sein de l'Union. Ces écarts fiscaux affaiblissent la solidarité entre États membres et nuisent à l'économie collective européenne.

Une gestion migratoire désunie

Le règlement de Dublin, qui impose aux pays de première entrée de gérer les demandes d'asile, a exacerbé les tensions entre les États du sud, comme l'Italie et la Grèce, et ceux du nord. Ces derniers refusent souvent d'accueillir leur part de migrants, alimentant une crise de solidarité qui va à l'encontre des principes fondateurs de l'Union.

Des exemples récents révélateurs des faiblesses de l'Europe

Les tensions récentes au sein de l'Union européenne ont mis en lumière des failles structurelles qui affaiblissent sa capacité d'action. Voici quelques exemples marquants :

1. La crise énergétique (2022-2023) :

La guerre en Ukraine a révélé l'absence de solidarité énergétique européenne. Plutôt que d'agir collectivement, certains pays, comme l'Allemagne, ont négocié des accords bilatéraux pour sécuriser leur approvisionnement, laissant les plus vulnérables à leur sort. Cette fragmentation a souligné la nécessité d'une politique énergétique commune pour réduire les dépendances extérieures et anticiper les crises futures.

2. Les tensions avec la Hongrie et la Pologne :

Ces deux pays continuent de défier les valeurs fondamentales de l'Union, comme l'état de droit, tout en profitant des financements européens. Les sanctions financières imposées par l'Union n'ont pas suffi à provoquer des réformes structurelles, renforçant la perception d'une Europe impuissante face à ses propres membres.

3. La crise migratoire :

Les désaccords sur la répartition des demandeurs d'asile bloquent toute réforme significative du règlement de Dublin. L'Italie, en première ligne, a exprimé à plusieurs reprises son mécontentement face au manque de soutien des autres États membres, menaçant même de se retirer de certaines politiques européennes si rien ne change.

4. Les défis économiques face aux subventions américaines :

L'adoption de l'Inflation Reduction Act (IRA) aux États-Unis, avec des subventions massives pour leurs industries nationales, a mis en évidence la lenteur de l'Europe à réagir. Les États membres peinent à s'accorder sur une réponse commune, reflétant une fois de plus la primauté des intérêts nationaux sur la vision collective.

5. L'absence de réformes institutionnelles :

La prise de décision à l'unanimité dans des domaines clés, comme la fiscalité et la politique étrangère, reste un frein majeur. Malgré les propositions de passer à des votes à la majorité qualifiée, certains pays s'y opposent, paralysant la capacité de l'Union à agir rapidement.

Clarifier les règles et trancher : intégration ou souveraineté

La France, comme chaque pays membre, doit être claire sur la direction à prendre. L'Europe ne peut continuer à avancer avec des règles appliquées à géométrie variable. Il est temps de trancher entre deux visions :

1. Vers une intégration renforcée :

• Harmoniser les lois, notamment en matière de justice et de fiscalité, pour garantir une égalité de traitement entre les États membres.

• Renforcer les institutions européennes, comme le Parlement européen et la Cour de justice de l'Union, pour leur permettre de faire respecter les décisions communes.

• Créer des politiques communes dans des domaines stratégiques, comme l'énergie, la défense et la migration, pour répondre efficacement aux crises.

2. Retour à la souveraineté nationale :

• Redéfinir le rôle de l'Union comme un espace de coopération économique, sans transfert accru de compétences.

• Permettre à chaque pays de reprendre le contrôle sur des domaines stratégiques, comme la fiscalité ou la gestion des frontières, pour répondre aux attentes de leurs citoyens.

La France en première ligne : un rôle moteur à jouer

En tant que moteur historique de l'Union européenne, la France a une responsabilité particulière pour relancer le projet européen :

• **Un discours clair :** La France doit dire si elle est prête à accepter davantage d'intégration européenne ou si elle préfère préserver sa souveraineté nationale.

• **Un leadership assumé :** Proposer des réformes ambitieuses, notamment en matière de fiscalité, de justice et de migration, pour montrer l'exemple.

• **Une exemplarité nécessaire :** En appliquant strictement les règles européennes, la France peut prouver qu'il est possible de conjuguer souveraineté et respect des engagements communs.

Une Europe cohérente ou une Union affaiblie

L'Union européenne ne peut avancer que si ses membres s'engagent pleinement dans une direction claire. Les ambiguïtés actuelles affaiblissent non seulement le projet européen, mais aussi la capacité de chaque État à répondre efficacement aux crises.

Si nous voulons une Europe forte et crédible, nous devons accepter une intégration accrue et respecter les règles communes. Si nous privilégions nos souverainetés nationales, il faudra alors redéfinir le rôle de l'Union pour éviter les blocages et les frustrations.

Le choix appartient à chaque pays, mais il doit être assumé pleinement. La France, forte de son histoire et de son influence, peut et doit jouer un rôle central pour orienter cette décision cruciale.

Chapitre 6
Justice et équité :
le pilier d'une société en déclin

Une justice au cœur des interrogations

La justice est l'un des piliers fondamentaux de toute démocratie. Elle garantit l'équité, la protection des droits et le respect des lois. Pourtant, en France, elle traverse une crise profonde : surcharge de travail, délais interminables et perte de confiance des citoyens. Ces problèmes touchent à la fois les victimes, les accusés, mais aussi les acteurs du système judiciaire – juges, greffiers, avocats et conciliateurs.

Dans une société confrontée à des tensions croissantes, il est essentiel de restaurer la confiance dans la justice. Cela passe par des réformes structurelles, des mécanismes de transparence, une vision pragmatique des sanctions, et un soutien renforcé pour tous ceux qui œuvrent au sein de ce pilier fondamental.

Une justice sous pression mais essentielle

1. La surcharge de travail : un frein à l'équité

• Les juges, greffiers et magistrats font face à une accumulation de dossiers, ce qui ralentit le traitement des affaires et entraîne parfois des erreurs. Selon une étude récente, le délai moyen entre l'assignation et le jugement dépasse 600 jours, un chiffre alarmant qui nuit aux droits fondamentaux des citoyens.

• Bien que des garde-fous existent, comme les mécanismes d'appel et de contrôle juridictionnel, ils ne suffisent pas toujours à garantir une justice rapide et équitable.

2. Des garde-fous pour renforcer la cohérence des décisions

• La justice repose sur l'indépendance des magistrats, un principe essentiel pour garantir l'impartialité. Cependant, cette indépendance doit être accompagnée de mécanismes permettant d'harmoniser les décisions.

• La création de commissions de cohérence, composées de magistrats expérimentés, pourrait renforcer la confiance des citoyens dans les décisions prises, en particulier pour les affaires complexes ou sensibles.

3. Une meilleure organisation pour réduire les délais :

• Simplifier les procédures pour les affaires mineures grâce au plaidé coupable ou à des arrangements rapides.

• Investir dans la numérisation des services judiciaires pour réduire la bureaucratie et accélérer le traitement des dossiers.

• Cette lenteur judiciaire a été qualifiée de "catastrophe judiciaire" par des experts, rappelant que des victimes souffrent parfois pendant des années avant d'obtenir justice.

Les prisons : un système à repenser

1. Réserver la prison aux cas graves :
• La prison doit être destinée aux criminels violents, aux récidivistes et aux individus représentant un danger réel pour la société. Trop de personnes sont incarcérées pour des délits mineurs, ce qui engorge les établissements pénitentiaires et alourdit les coûts pour l'État.

2. Promouvoir des sanctions alternatives :
• **Travaux d'intérêt général (TIG) :** Impliquer les condamnés dans des projets communautaires ou sociaux pour leur permettre de réparer leurs actes tout en contribuant à la société.
• **Bracelets électroniques :** Offrir une surveillance efficace tout en permettant aux condamnés de conserver une activité sociale ou professionnelle.
• **Remboursement des préjudices :** Les délinquants pourraient être obligés de rembourser leurs victimes ou de contribuer financièrement à des projets communautaires, renforçant leur responsabilisation.

3. Prévenir la récidive par la réhabilitation :
• Miser sur des programmes éducatifs et professionnels en détention pour offrir une véritable opportunité de réinsertion.

• Renforcer l'accompagnement psychologique des détenus pour les aider à rompre avec des comportements déviants.

Les forces de l'ordre : police et gendarmerie

1. Des acteurs essentiels mais sous-estimés :
• Qu'il s'agisse de la police ou de la gendarmerie, ces forces jouent un rôle crucial pour garantir la sécurité et maintenir l'ordre public. Pourtant, elles manquent souvent de moyens, d'effectifs et de reconnaissance.

2. Renforcer leurs moyens et leur protection :
• **Matériel et formation :** Offrir des équipements modernes et adaptés aux risques encourus.
• **Droits et statut :** Revaloriser leurs droits pour mieux les protéger face aux risques liés à leur mission, notamment dans des zones sensibles ou lors de manifestations violentes.

3. Tolérance zéro face aux violences :
• Nous ne pouvons plus tolérer le laisser-faire, que ce soit lors de manifestations violentes, des caillassages de pompiers ou policiers, ou dans certaines zones devenues inaccessibles.
• La passivité, justifiée par une volonté d'éviter des vagues ou des drames, a trop duré. Il est primordial de rétablir l'ordre avec une politique de tolérance zéro.
• Le droit doit prévaloir quoi qu'il en coûte, et c'est maintenant qu'il faut agir. Une politique ferme et efficace doit

être mise en place, accompagnée de moyens supplémentaires pour les forces de l'ordre.

4. Protéger les forces de l'ordre :

• Les policiers et gendarmes doivent bénéficier d'une garantie judiciaire renforcée face aux casseurs, voyous ou criminels.

• Arrêtons de cacher la réalité derrière une politique de peur ou l'électoralisme. Certains de nos élus ne comprennent pas ce que vivent les citoyens dans certaines zones ni le dangers auxquels les forces de l'ordre sont confrontées.

Les avocats et conciliateurs : des maillons essentiels

1. Les avocats : un rôle clé à valoriser

• Les avocats garantissent l'accès à une défense équitable et représentent les droits des citoyens face aux institutions. Pourtant, leur rôle est souvent sous-estimé, notamment dans le cadre de l'aide juridictionnelle, mal rémunérée et complexe à gérer.

• *Propositions :*

- Revaloriser l'aide juridictionnelle pour attirer davantage d'avocats et garantir un accès égalitaire à la justice.

- Moderniser leurs outils de travail grâce à des plate-formes numériques.

- Proposer des formations continues sur des domaines émergents comme le numérique ou la cybersécurité.

2. Les conciliateurs : une justice de proximité

• Les conciliateurs permettent de désengorger les tribunaux en résolvant rapidement des litiges du quotidien (conflits de voisinage, litiges commerciaux).

• Propositions :

- Augmenter leur nombre et renforcer leur formation pour garantir la qualité des médiations.

- Valoriser leur rôle par des campagnes d'information pour encourager les citoyens à recourir à leurs services.

Restaurer la confiance : des mesures de bon sens

1. Protéger les victimes :

• Réformer les lois pour garantir des réponses rapides face à des situations sensibles, comme les logements squattés ou les cambriolages nocturnes.

• Placer les victimes au centre des décisions judiciaires en leur offrant un soutien adapté, tant juridique que psychologique.

2. Garantir une justice équitable :

• Réduire les disparités territoriales en réinvestissant dans les tribunaux de proximité et en augmentant les effectifs dans les zones rurales.

• Renforcer la transparence des décisions judiciaires pour éviter toute perception d'inégalité entre citoyens et élites.

3. Arrêter les dérives autour du principe de présomption d'innocence :

• Bien que ce principe soit fondamental, des situations où l'on sait pertinemment qu'un individu a commis un crime ne peuvent être tolérées. Il faut agir rapidement pour protéger la société et éviter que la justice soit perçue comme passive.

La délinquance des mineurs, un défi à relever

La délinquance des mineurs est en constante augmentation, avec des actes souvent plus violents et des profils de plus en plus jeunes impliqués dans des infractions graves. Les causes de cette montée en puissance sont multiples : fractures familiales, défaillances éducatives, influence des réseaux sociaux, et sentiment d'impunité alimenté par des réponses judiciaires perçues comme insuffisantes.

• *Exemple :* En 2023, une étude du ministère de l'Intérieur a révélé une augmentation de 25 % des agressions commises par des mineurs sur une période de cinq ans, avec une implication croissante dans les trafics de stupéfiants et les rixes de quartier.

Les failles actuelles du système judiciaire face aux mineurs

1. Un cadre juridique trop protecteur :
• La législation française, héritée de l'ordonnance de 1945, privilégie une approche éducative plutôt que répressive pour les mineurs. Bien que ce principe soit louable, il montre ses limites face à des actes d'une gravité croissante.
• Les sanctions sont souvent perçues comme insuffisantes, ce qui alimente un sentiment d'impunité chez les jeunes délinquants.

2. Un manque de moyens pour l'encadrement éducatif :
• Les centres éducatifs fermés (CEF), censés réinsérer les jeunes délinquants tout en les privant de liberté, sont en nombre insuffisant et souffrent d'un manque de personnel formé.

• *Exemple :* En 2022, seulement 700 places étaient disponibles dans les CEF, pour un besoin estimé à 2 500.

3. Une lenteur judiciaire problématique :
• Les délais de traitement des affaires impliquant des mineurs peuvent dépasser plusieurs mois, rendant les sanctions inefficaces et déconnectées des actes commis.

Soutenir les familles pour prévenir la délinquance

1. Accompagner les parents en difficulté :
• Certaines familles, en particulier celles vivant dans des contextes précaires ou confrontées à des difficultés multiples, peuvent être dépassées par le comportement de leurs enfants. Il est essentiel de leur offrir un soutien renforcé avant que la situation ne s'aggrave.

• *Propositions :*
- Mettre en place un dispositif permettant aux parents de solliciter un éducateur référent. Cet éducateur travaillerait directement avec la famille pour rétablir un cadre structurant et des règles claires.
- Renforcer les services sociaux pour proposer un accompagnement personnalisé et proactif aux familles identifiées comme en difficulté.

2. Créer des centres de soutien éducatif temporaire :
• Développer des centres d'accueil où les jeunes en rupture familiale pourraient être pris en charge de manière temporaire, tout en maintenant un lien avec leurs parents.

• Ces centres offriraient un environnement encadré par des éducateurs spécialisés, axé sur la prévention et la réinsertion.

3. Former les parents :

• Proposer des programmes de formation pour aider les parents à gérer les comportements difficiles de leurs enfants et renforcer leur autorité.

• Ces formations pourraient inclure des conseils pratiques, des ateliers en groupe, et des outils pour prévenir les conflits.

Propositions pour réagir efficacement à la délinquance des mineurs

1. Adapter la législation pour les récidivistes et les actes graves :

• Introduire des peines plus fermes pour les mineurs récidivistes ou impliqués dans des infractions graves, tout en maintenant un volet éducatif.

• Réformer l'ordonnance de 1945 pour mieux concilier protection de l'enfance et nécessité de sanctionner les actes délictueux.

2. Renforcer les centres éducatifs fermés :

• Multiplier le nombre de CEF pour garantir une prise en charge immédiate des jeunes délinquants.

• Former davantage de personnel éducatif et renforcer la sécurité dans ces centres pour éviter les fugues et les violences internes.

3. Accélérer les procédures judiciaires :

• Mettre en place des tribunaux spécifiques pour mineurs avec des délais de traitement raccourcis.

• Développer des dispositifs de "plaidé coupable" adaptés aux mineurs pour éviter des procédures interminables.

4. Responsabiliser les familles :

• Instaurer des sanctions financières ou éducatives pour les parents en cas de carences avérées dans l'encadrement de leurs enfants.

• Encourager une approche collaborative entre les parents et les institutions, avec un suivi régulier des situations à risque.

5. Prévention et sensibilisation :

• Intensifier les campagnes de sensibilisation dans les écoles et les quartiers sensibles pour prévenir l'entrée des jeunes dans la délinquance.

• Travailler en partenariat avec les associations locales pour offrir des alternatives éducatives et sportives dans les zones à risque.

La tolérance zéro pour les actes graves

Pour les actes particulièrement graves, comme les agressions violentes ou les rixes entre bandes, une politique de tolérance zéro doit être appliquée :

• Renvoi systématique des mineurs étrangers récidivistes dans leur pays d'origine, en cas d'infractions graves.

• Mise en place de sanctions dissuasives, comme le placement en établissement spécialisé ou la suspension de certains droits (allocations familiales, aides sociales) pour les familles complices ou négligentes.

Un enjeu pour la cohésion sociale

La délinquance des mineurs n'est pas seulement un problème judiciaire, mais un enjeu pour la cohésion de la société. En renforçant les moyens éducatifs, en réformant les sanctions et en impliquant les familles, il est possible de lutter efficacement contre ce phénomène tout en offrant des perspectives de réinsertion aux jeunes concernés. Cependant, cela nécessite un engagement fort de la part de l'État et des collectivités.

Une justice forte pour une République solide

La justice, la police, la gendarmerie, les avocats et les conciliateurs sont les piliers sur lesquels repose notre État de droit. Pour restaurer la confiance des citoyens, il est impératif de :
• Revaloriser et moderniser ces métiers essentiels.
• Réformer les sanctions et les procédures pour garantir une justice rapide, cohérente et adaptée.
• Renforcer les politiques de prévention pour limiter la récidive et encourager la réinsertion.

Une République forte repose sur des institutions solides et respectées. En investissant dans la justice et en la rendant plus proche des citoyens, nous renforcerons les fondements mêmes de notre démocratie et garantirons l'équité pour tous.

Chapitre 7
Éducation et jeunesse :
construire l'avenir d'une nation

L'éducation, pilier de l'avenir

L'éducation est le socle sur lequel se construit l'avenir d'une nation. Elle forme les citoyens de demain, transmet les valeurs républicaines, et donne les outils nécessaires pour affronter les défis du monde moderne. Pourtant, en France, ce pilier montre des signes inquiétants de faiblesse : baisse du niveau scolaire, inégalités territoriales, manque de moyens pour les enseignants, et un sentiment croissant de décrochage chez une partie de la jeunesse.

Bien que certains vous diront le contraire, le monde éducatif manque cruellement d'enseignants. Par souci d'économie, l'école a été abandonnée, et cet abandon cause, à mon sens, une grande partie du déclin de la France. L'éducation, le respect, l'autorité et les valeurs fondamentales sont les piliers d'une société forte. Alors comment sommes-nous arrivés à ce déclin ? Sans une valorisation des enseignants et sans une montée en puissance d'un monde éducatif riche, la France continuera de reculer.

Les défis du système éducatif français

1. Des inégalités croissantes :
• Les disparités territoriales sont flagrantes : les élèves des zones rurales ou des quartiers prioritaires ont souvent moins de moyens que ceux des grandes villes ou des établissements privés. Ces inégalités compromettent l'égalité des chances, l'un des fondements de notre République.

• *Exemple :* Dans certaines zones rurales, il n'y a pas de remplaçants disponibles lorsque des enseignants sont absents, ce qui entraîne des semaines de cours non assurés. En 2023, des parents d'élèves à la campagne ont manifesté pour dénoncer le manque d'enseignants dans plusieurs académies comme Orléans-Tours.

2. Une baisse du niveau scolaire :
• Plusieurs études internationales, comme les enquêtes PISA, montrent une baisse préoccupante des performances des élèves français, notamment en mathématiques et en lecture.

• *Exemple :* En 2019, la France occupait la 23ᵉ place sur 79 pays pour la compréhension en lecture dans l'enquête PISA, confirmant un recul constant depuis plusieurs années. Ce déclin a été particulièrement marqué chez les élèves issus de milieux défavorisés.

3. Un manque de valorisation des enseignants :
• Les enseignants, véritables piliers de l'éducation, sont souvent sous-payés, surchargés et peu soutenus face à des classes de plus en plus complexes.

• *Exemple :* En 2022, le salaire moyen des enseignants français était l'un des plus bas de l'OCDE par rapport aux autres professions avec un niveau d'études équivalent. Cela a conduit à une crise de recrutement, avec 4 000 postes non pourvus au concours de professeur des écoles cette année-là.

4. Le décrochage scolaire et ses conséquences :

• Chaque année, des milliers de jeunes quittent le système scolaire sans diplôme. Ce décrochage les expose à des difficultés d'insertion professionnelle et à un risque accru de marginalisation.

• *Exemple :* En 2020, le ministère de l'Éducation nationale a rapporté que 80 000 jeunes quittaient le système scolaire sans diplôme chaque année. Dans certains quartiers prioritaires, ce chiffre est encore plus élevé, atteignant parfois 20 % des élèves.

La jeunesse face aux défis du monde moderne

1. Un accès inégal aux opportunités :

• L'orientation scolaire et professionnelle reste trop souvent déterminée par le milieu social. Les jeunes issus de familles modestes accèdent moins facilement aux grandes écoles ou aux filières porteuses.

• *Exemple :* Les classes préparatoires aux grandes écoles comptent seulement 12 % d'élèves issus des classes populaires, malgré des dispositifs comme les Cordées de la réussite, qui visent à démocratiser leur accès.

2. La fracture numérique et ses implications :

• Si la technologie est omniprésente dans le quotidien des jeunes, tous n'ont pas accès aux outils numériques de manière équitable. Cette fracture renforce les inégalités et freine l'apprentissage.

• *Exemple :* Pendant la pandémie de Covid-19, près de 5 % des élèves n'ont pas pu suivre l'école à distance, faute de matériel informatique ou d'accès à Internet, selon un rapport du Défenseur des droits.

3. Le sentiment d'abandon et de désillusion :

• De nombreux jeunes ont le sentiment que leurs aspirations ne sont pas prises en compte par les institutions. Cette déconnexion nourrit un rejet des valeurs républicaines et un désengagement civique.

• *Exemple :* Une enquête de l'IFOP en 2023 montre que 41 % des jeunes de 18 à 25 ans estiment que "la société ne leur offre pas d'avenir prometteur", un chiffre en hausse constante depuis 2018.

Propositions pour un système éducatif rénové et inclusif

1. Réduire les inégalités territoriales :

• Investir dans les établissements des zones rurales et des quartiers prioritaires pour garantir à chaque élève un accès équitable aux ressources éducatives.

• Renforcer le soutien scolaire personnalisé, notamment par des dispositifs d'aide aux devoirs gratuits.

• *Exemple :* Les "internats d'excellence", déjà en place dans certaines zones, pourraient être étendus pour offrir un cadre propice à l'apprentissage aux élèves les plus défavorisés.

2. Moderniser les méthodes pédagogiques :

• Intégrer davantage de pédagogies actives et d'outils numériques pour rendre l'apprentissage plus attractif.

• Repenser les programmes scolaires pour mieux préparer les élèves aux défis du XXIe siècle, notamment en renforçant les compétences numériques et écologiques.

• *Exemple :* En Finlande, les cours thématiques qui remplacent les cours traditionnels (maths, histoire, etc.) ont montré leur efficacité pour développer des compétences transversales.

3. Revaloriser le métier d'enseignant :

• Augmenter les salaires et améliorer les conditions de travail des enseignants pour attirer et retenir les talents.

• Renforcer leur formation continue pour les adapter aux nouvelles réalités pédagogiques et sociales.

• *Exemple :* En Allemagne, les enseignants gagnent en moyenne 30 % de plus que leurs homologues français, ce qui favorise une attractivité et une stabilité dans la profession.

4. Lutter contre le décrochage scolaire :

• Identifier les élèves en difficulté dès le primaire et leur proposer des parcours adaptés, incluant un accompagnement psychologique si nécessaire.

• Développer des filières professionnelles valorisées, en partenariat avec les entreprises, pour offrir des perspectives concrètes aux jeunes qui ne souhaitent pas suivre une voie académique classique.

5. Encourager la citoyenneté et les valeurs républicaines :
• Instaurer des cours d'éducation civique interactifs pour reconnecter les jeunes aux valeurs de la République.
• Favoriser les projets collectifs et solidaires pour développer le sens de la responsabilité et de la communauté.

L'éducation, clé de la reconstruction

L'éducation et la jeunesse représentent l'avenir de notre nation. Bien que l'on ait abandonné l'école par souci d'économie, il est encore temps d'inverser la tendance. Réformer en profondeur notre système éducatif est une nécessité absolue pour garantir à chaque enfant une égalité des chances réelle et une préparation solide pour l'avenir. Cela passe par un investissement massif dans les infrastructures, les enseignants et les méthodes pédagogiques, mais aussi par une meilleure prise en compte des aspirations et des besoins des jeunes.

Construire une éducation forte, inclusive et moderne, c'est bâtir une société plus juste et résiliente. C'est redonner à la France sa place d'excellence et de rayonnement sur la scène mondiale. Mais, surtout, c'est offrir aux générations futures les outils nécessaires pour relever les défis du XXIe siècle avec ambition et confiance.

Chapitre 8
Santé et solidarité :
un système à rééquilibrer

La santé au cœur de la solidarité nationale

La santé est un droit fondamental, un pilier de la solidarité nationale, et l'un des moteurs essentiels de la cohésion sociale. La France, longtemps vantée pour son système de santé exemplaire, fait aujourd'hui face à des défis considérables : désertification médicale, surcharge des hôpitaux, conditions de travail dégradées pour les soignants, et accès inégal aux soins sur le territoire.

Ces problématiques, amplifiées par des politiques publiques passées qui ont causé un déficit important de médecins et de soignants, nécessitent une réforme profonde. Il est temps de remettre en place un véritable service public de la santé, accessible à tous, et de revaloriser les professions médicales et paramédicales, souvent délaissées malgré leur rôle crucial dans une société vieillissante.

Les défis actuels du système de santé

1. La désertification médicale :
• De nombreuses zones rurales et quartiers périphériques sont confrontés à un manque de médecins généralistes, de spécialistes et même de pharmacies. Ce phénomène, accentué par le départ à la retraite de nombreux praticiens, laisse des milliers de Français sans accès rapide à des soins.

• *Exemple :* En 2024, près de 11 % des Français vivaient dans des zones qualifiées de "déserts médicaux", avec des délais d'attente dépassant trois mois pour un rendez-vous chez un généraliste.

2. La surcharge des hôpitaux :
• Les hôpitaux publics, notamment dans les grandes agglomérations, sont saturés. Les services d'urgence, en particulier, sont souvent débordés, contraints de prendre en charge des patients pour des pathologies qui pourraient être traitées en médecine de ville.

• *Exemple :* En 2023, un rapport révélait que le temps d'attente moyen aux urgences à Paris atteignait six heures, un record inquiétant.

3. Des soignants en souffrance :
• Les professionnels de santé, qu'il s'agisse des médecins, infirmiers, aides-soignants ou psychologues, dénoncent des conditions de travail dégradées : manque de personnel, pression administrative et faible reconnaissance.

• En 2022, une étude a révélé que 40 % des infirmiers en poste envisageaient de quitter la profession en raison de l'épuisement professionnel.

4. Les inégalités sociales et leurs effets sur la santé :
• La précarité empêche de nombreux Français d'accéder à des soins adaptés. Des familles renoncent à consulter des spécialistes ou à acheter des médicaments en raison de coûts trop élevés, malgré le soutien de la Sécurité sociale.

• *Exemple :* Une étude de 2023 montre que 15 % des Français renoncent à des soins dentaires ou ophtalmologiques pour des raisons financières.

5. Une société vieillissante :
• Le vieillissement de la population accentue les besoins en soins et met sous pression les services d'accompagnement. Les maladies chroniques comme le diabète ou l'hypertension pèsent lourdement sur le système de santé.

• Les services à domicile et les établissements pour personnes âgées sont souvent sous-financés, avec des professionnels épuisés et mal rémunérés.

Revalorisation des métiers de la santé : une priorité absolue

1. Revaloriser les salaires pour attirer et retenir les talents :
• Les bas salaires dans les métiers de la santé et de l'accompagnement (infirmières, aides-soignantes, aides à

domicile, psychologues) découragent les jeunes générations de s'orienter vers ces professions pourtant essentielles.

• *Propositions :*
- Augmenter significativement les salaires : Revoir les grilles salariales pour que ces professions soient alignées sur l'importance de leur rôle. Par exemple, une revalorisation de 20 % des salaires des aides-soignants et aides à domicile.

- Créer des primes pour les zones sous-dotées : Offrir des primes attractives pour encourager les soignants à travailler dans les déserts médicaux.

2. Renforcer la reconnaissance des professionnels indépendants :

• Les infirmiers indépendants et psychologues jouent un rôle clé, mais sont souvent mal rémunérés et surchargés par les démarches administratives.

• *Propositions :*
- Simplifier les démarches administratives et revoir les tarifs remboursés par la Sécurité sociale.

- Développer un soutien logistique pour ces professionnels dans les zones rurales.

3. Accompagner une population vieillissante :

• Investir dans les services à domicile et les établissements pour personnes âgées.

• Développer des programmes de prévention pour limiter les maladies chroniques.

Remettre en place un véritable service public de santé

1. Former davantage de médecins :
• Bien que le *numerus clausus* ait été supprimé en 2020, les effets de cette régulation restrictive se font encore sentir aujourd'hui. Le nombre de professionnels formés reste insuffisant pour combler les besoins croissants, notamment dans les zones rurales et les spécialités sous tension.

• *Propositions :*
- Augmenter les capacités d'accueil dans les facultés de médecine.
- Créer des passerelles entre professions médicales pour faciliter la reconversion ou l'évolution de carrière (par exemple, permettre à des infirmiers expérimentés de devenir médecins généralistes après une formation complémentaire).

2. Moderniser les infrastructures :
• Investir dans la télémédecine pour désengorger les hôpitaux et améliorer l'accès aux soins.
• Renforcer les maisons de santé pluridisciplinaires, un modèle qui a déjà prouvé son efficacité dans des régions comme Bourges, où les délais d'attente ont diminué de 50 %.

3. Renforcer la solidarité territoriale :
• Allouer davantage de ressources aux régions les plus touchées par la désertification médicale ou les inégalités sociales.
• Encourager des collaborations entre collectivités locales et l'État pour des solutions adaptées.

Solidarité et santé : des investissements essentiels

1. Investir dans la recherche médicale :
• Une recherche forte est indispensable pour anticiper les défis sanitaires, notamment les maladies émergentes ou les pandémies futures.

2. Garantir un financement équitable :
• Mobiliser des fonds européens, réaffecter les ressources des budgets mal optimisés, et renforcer la lutte contre la fraude pour financer ces réformes ambitieuses.

Une santé solidaire pour une France forte

Le système de santé français, autrefois exemplaire, peut retrouver sa place de modèle international à condition de se recentrer sur ses principes fondamentaux : équité, accessibilité et valorisation de ceux qui le font vivre. Revaloriser les professions, moderniser les infrastructures et garantir une prise en charge équitable sont des priorités absolues.

La santé ne doit jamais être perçue comme un luxe ou une dépense, mais comme le fondement d'une République forte et juste. Revaloriser notre système de santé, c'est investir dans l'humain, dans la dignité et dans l'avenir collectif de notre nation.

Chapitre 9
Environnement et écologie :
une transition pragmatique et collective

Repenser notre vision de l'écologie

Si nous souhaitons réussir la transition écologique, nous devons repenser profondément notre vision et notre approche. L'écologie ne peut se limiter à des interdictions ou des actions symboliques. Elle doit encourager des initiatives concrètes, intelligentes et accessibles à tous. Cela passe par des projets constructifs, une sensibilisation accrue via des documentaires et des campagnes éducatives, mais aussi par la mise à disposition de moyens efficaces et pragmatiques.

Certaines décisions écologiques actuelles, bien qu'animées par de bonnes intentions, manquent souvent de bon sens. Elles risquent de détourner les citoyens de cette cause essentielle. Des exemples comme la suppression des sapins de Noël dans certaines villes, les batteries des véhicules électriques ou encore les politiques de Zones à Faibles Émissions (ZFE) montrent à quel point il est nécessaire d'adopter une écologie équilibrée et réaliste. De plus, l'exemple de l'Allemagne illustre les risques d'une transition mal planifiée, où l'idéologie peut parfois nuire aux objectifs climatiques.

Un volet sur l'agriculture durable : protéger et transformer

L'agriculture, bien qu'essentielle à notre alimentation, est également l'un des principaux secteurs contributeurs aux émissions de gaz à effet de serre et à la dégradation des sols. Cependant, elle peut devenir un levier puissant pour la transition écologique.

1. Encourager des pratiques durables :

• *Propositions :*
- Favoriser l'agroécologie et l'agriculture biologique pour réduire l'utilisation des pesticides et des engrais chimiques.

- Introduire des incitations financières pour les agriculteurs qui adoptent des pratiques régénératives, comme la rotation des cultures ou l'agroforesterie.

2. Développer les circuits courts :
• Réduire l'empreinte carbone des produits alimentaires en favorisant les filières locales.
• Proposer des subventions pour les producteurs qui vendent directement aux consommateurs.

3. Lutter contre la déforestation et la perte de biodiversité :
• Encourager la reforestation des terres agricoles inutilisées et protéger les écosystèmes sensibles.

Focus sur les zones rurales : des solutions adaptées

Les zones rurales sont souvent confrontées à des défis spécifiques en matière de transition écologique, notamment dans la mobilité et la gestion des déchets.

1. Améliorer les solutions de mobilité :
• Proposer des infrastructures pour le covoiturage ou des lignes de transport à la demande dans les zones peu desservies.
• Subventionner les véhicules électriques ou hybrides pour les habitants des zones rurales.

2. Développer des infrastructures de gestion des déchets :
• Augmenter le nombre de déchèteries accessibles et gratuites, y compris pour les petites entreprises.
• Introduire des solutions mobiles pour les zones isolées.

3. Valoriser le rôle des collectivités locales :
• Renforcer le soutien financier pour des projets locaux adaptés aux spécificités territoriales (microcentrales hydrauliques, parcs solaires).

Un volet financier : mobiliser la finance verte

Le financement de la transition écologique est un enjeu majeur. Mobiliser des ressources financières importantes est essentiel pour soutenir les initiatives publiques et privées.

1. Développer les obligations vertes :
• Émettre des obligations spécifiques pour financer des projets durables, comme la rénovation énergétique des bâtiments publics ou le développement des énergies renouvelables.

2. Conditionner les investissements publics :
• Exiger des critères environnementaux stricts pour tout financement public, afin de garantir une utilisation durable des fonds.

3. Soutenir l'innovation :
• Investir dans la recherche et le développement de technologies vertes via des partenariats public-privé.

Exemples internationaux inspirants

1. Les Pays-Bas : mobilité douce et infrastructures cyclables :
• Avec un réseau de pistes cyclables exemplaire, les Pays-Bas montrent comment réduire la dépendance aux véhicules motorisés en ville.

2. La Suède : leader du recyclage :
• Avec un taux de recyclage supérieur à 95 %, la Suède a transformé ses déchets en une ressource pour produire de l'énergie.

3. Le Costa Rica : biodiversité et énergies renouvelables :
• Ce pays a atteint une production énergétique basée à 99 % sur des sources renouvelables tout en protégeant ses forêts tropicales.

Une vision à long terme : des étapes claires pour 2050

Il est important de préciser que les ambitions présentées ici ne représentent pas nécessairement ma vision, mais elles s'inscrivent dans un cadre souvent évoqué par les experts et les décideurs politiques. Cependant, leur réussite dépendra de plusieurs facteurs essentiels : une volonté politique forte, des moyens financiers conséquents et un accompagnement adapté des entreprises et des citoyens. Sans ces éléments, ces objectifs risquent de rester de simples promesses.

D'ici 2030 :

• Réduction de 40 % des émissions de CO_2 par rapport à 1990, en priorité dans les secteurs où des solutions sont déjà disponibles (transports, bâtiments).
• Transition énergétique : Atteindre 32 % d'énergies renouvelables dans le mix énergétique, tout en modernisant le parc nucléaire pour garantir une production stable et décarbonée.
• Lancement de projets pilotes pour les technologies de captage et stockage de carbone, avec l'objectif d'un déploiement à grande échelle d'ici 2040.
• Mise en place de mécanismes financiers incitatifs pour les entreprises et les ménages :
    - Subventions pour la rénovation énergétique des logements et la transition vers des véhicules propres.
    - Aides aux entreprises pour adopter des modèles durables (économie circulaire, réduction des émissions industrielles).

D'ici 2040 :

• Réduction de 70 % des émissions de CO_2, avec une transition majeure dans l'industrie et l'agriculture :
- Décarbonation des procédés industriels grâce à l'hydrogène vert et aux énergies renouvelables.
- Adoption généralisée des pratiques agricoles régénératives pour réduire les émissions de méthane et restaurer les sols.
• Mise en place d'un réseau énergétique européen interconnecté, combinant énergies renouvelables, nucléaire et technologies de stockage.
• Adoption massive des technologies de captage et stockage de CO_2 pour traiter les émissions résiduelles.

D'ici 2050 :

• Neutralité carbone totale, avec une production énergétique décarbonée à plus de 90 %, combinant énergies renouvelables, nucléaire et solutions de captage de CO_2.
• Restauration et protection de 30 % des territoires français pour absorber le carbone résiduel et préserver la biodiversité.
• Une coopération mondiale renforcée pour partager les technologies vertes et garantir une transition équitable, surtout pour les pays les plus vulnérables.

Un accompagnement nécessaire pour réussir

Ces étapes ambitieuses ne seront atteintes qu'à une condition : un accompagnement réaliste et équitable des citoyens et des entreprises. La transition écologique ne doit pas devenir une charge supplémentaire pour les plus modestes ou un frein pour les entrepreneurs. Cela implique :

• Des moyens financiers solides :
- Des subventions pour alléger le coût de la transition pour les ménages (mobilité, rénovation énergétique).
- Un soutien financier pour les petites et moyennes entreprises afin qu'elles adoptent des pratiques durables.

• Une pédagogie et une communication claires :
- Impliquer les citoyens dans la réflexion sur les mesures écologiques pour assurer leur adhésion.
- Proposer des solutions pratiques et compréhensibles, plutôt que des interdictions brutales ou mal perçues.

Une ambition partagée, mais réaliste

Atteindre la neutralité carbone en 2050 est un objectif qui suscite à la fois de l'espoir et des interrogations. Bien que ces ambitions soient réalisables sur le papier, elles nécessiteront une volonté politique forte et une mobilisation collective sans précédent. Si les citoyens et les entreprises sont soutenus financièrement et impliqués dans ce projet, alors ces étapes pourront être franchies. Mais sans cette volonté partagée, ces objectifs resteront de simples déclarations d'intention.

Un appel à l'action collective

L'écologie ne doit pas être vécue comme une contrainte, mais comme une opportunité de réinventer nos modes de vie.

Il est temps d'agir ensemble, citoyens, entreprises et pouvoirs publics, pour relever ces défis et bâtir un futur durable.

Citoyens :

• Adoptez des gestes simples et efficaces : réduire vos déchets, économiser l'énergie et privilégier les mobilités douces.

Entreprises :

• Innovez pour intégrer des modèles durables. L'économie circulaire et les énergies renouvelables sont des moteurs de croissance.

État et collectivités :

• Donnez les moyens d'agir avec des politiques claires, justes et inclusives. Soutenez l'éducation, la recherche et les infrastructures écologiques.

Une écologie pragmatique et mobilisatrice

Les Français montrent qu'ils sont sensibles à ces enjeux, comme en témoignent leur engagement croissant et leur enthousiasme face à des documentaires magnifiques tels que ceux de Yann Arthus-Bertrand. Ce type de communication, en rendant les problématiques environnementales accessibles et tangibles, montre la voie.

Pour réussir, la France doit s'appuyer sur ses forces – un mix énergétique unique, un patrimoine naturel riche et une population engagée. Mais cela ne suffira pas sans une action collective et coordonnée. L'écologie n'est pas une guerre contre nos modes de vie, mais une opportunité pour les réinventer.

C'est aujourd'hui que nous devons agir. Ensemble, construisons une écologie pragmatique, inclusive et ambitieuse, pour garantir un avenir durable aux générations futures.

Chapitre 10
Fiscalité et emploi :
libérer le travail
et stimuler l'investissement

Une fiscalité qui freine le développement

La fiscalité française, bien que nécessaire pour financer les services publics et assurer une solidarité nationale, est devenue un frein au développement économique. Avec des prélèvements obligatoires parmi les plus élevés d'Europe, la France dissuade les investisseurs, freine la croissance des entreprises et limite la compétitivité des salariés. Parallèlement, les règles contractuelles rigides et les démarches administratives complexes découragent l'embauche et l'innovation. Pour redonner souffle à notre économie et récompenser le travail, il est impératif de revoir profondément ces mécanismes, en allégeant la fiscalité et en simplifiant les cadres juridiques.

Priorités pour relancer l'économie et l'emploi

Face aux nombreux défis économiques, certaines priorités doivent être clairement définies pour garantir l'efficacité des réformes :

1. À court terme :

• Réduire les taxes sur la production et les charges patronales pour libérer les entreprises et encourager l'embauche immédiate.

• Baisser la TVA sur les produits agricoles français pour dynamiser les circuits courts et soutenir les agriculteurs.

2. À moyen et long terme :

• Mettre en place un modèle de Flexisécurité, permettant de fluidifier le marché du travail tout en sécurisant les salariés.

• Stimuler l'innovation et l'industrialisation en proposant des incitations fiscales et en investissant dans des infrastructures modernes.

Un contrat de travail plus souple et sécurisé : les bénéfices de la Flexisécurité

Inspiré des modèles scandinaves, le concept de Flexisécurité peut être un levier puissant pour relancer l'emploi en France. Ce modèle combine la flexibilité pour les employeurs et la sécurité sociale pour les salariés. Voici les bénéfices concrets qu'il pourrait apporter :

1. Pour les employeurs :

• **Flexibilité accrue :** La possibilité d'adapter rapidement les effectifs en fonction de l'activité économique, grâce à des procédures de rupture simplifiées.

• **Réduction des coûts liés aux licenciements :** Des indemnisations fixes et proportionnées, encadrées par la loi, réduisent l'incertitude juridique.

• **Incitation à l'embauche :** Les entreprises, moins contraintes par des règles rigides, seront davantage enclines à recruter, y compris pour des projets à court terme ou des secteurs en tension.

2. Pour les salariés :

• **Sécurité renforcée :** En cas de licenciement, un accompagnement systématique sera proposé, incluant des formations qualifiantes et des aides au reclassement.

• **Portabilité des droits :** Grâce à un compte de mobilité professionnelle, les salariés conservent leurs droits (chômage, formation, retraite) lorsqu'ils changent d'emploi.

• **Opportunités accrues :** Une flexibilité accrue sur le marché de l'emploi permettra aux salariés de trouver plus facilement des postes adaptés à leurs compétences et aspirations.

Baisser la TVA pour les agriculteurs français : une mesure essentielle

1. Pourquoi une TVA réduite ou nulle pour les produits agricoles français ?

• **Soutenir les circuits courts :** Une TVA réduite encouragerait les consommateurs à privilégier les produits locaux, réduisant ainsi la dépendance aux importations.

• **Améliorer le pouvoir d'achat :** Les produits agricoles de base deviendraient plus accessibles pour les ménages.

• **Renforcer la compétitivité :** Les agriculteurs français, souvent confrontés à des coûts de production élevés, pourraient proposer des prix plus compétitifs.

2. Exemples de produits concernés :

• Fruits et légumes frais (pommes, carottes, tomates).
• Produits laitiers (lait, beurre, fromages).
• Viandes issues d'élevages français (volaille, bœuf, porc).
• Céréales locales (blé, maïs) et produits dérivés (farine, pain).

3. Comment garantir la traçabilité ?

• **Création d'un label fiscal "100 % français" :**

- Les produits éligibles devront être cultivés, transformés et conditionnés en France.

- Les agriculteurs et coopératives devront certifier l'origine et la traçabilité des produits via des audits réguliers.

• **Utilisation de technologies modernes :**

- Les QR codes sur les emballages permettront aux consommateurs de vérifier l'origine des produits et le respect des normes de production.

• **Contrôles renforcés :**

- Des organismes indépendants seraient chargés de surveiller la conformité des produits étiquetés "100 % français".

Stimuler l'investissement et valoriser le travail

1. Encourager l'investissement :
• Proposer des exonérations fiscales pour les entreprises innovantes dans les domaines de la transition écologique, de la santé ou des technologies de pointe.
• Accélérer les délais administratifs pour les projets industriels stratégiques.

2. Valoriser le travail :
• Doubler les primes d'activité pour mieux soutenir les travailleurs modestes.
• Exonérer les jeunes salariés de l'impôt sur le revenu jusqu'à un certain plafond pour favoriser leur insertion professionnelle.

3. Récompenser les entrepreneurs :
• Promouvoir un climat fiscal stable et compétitif pour inciter les entrepreneurs à investir en France.
• Mettre fin à la stigmatisation de la réussite économique et valoriser le rôle des entreprises dans le développement national.

Des réformes ambitieuses pour une relance durable

Pour libérer le potentiel économique de la France, il est impératif d'alléger les contraintes fiscales, de moderniser les contrats de travail et de stimuler les secteurs stratégiques. La mise en place d'une TVA réduite pour les produits agricoles français et l'adoption de la Flexisécurité représentent des étapes clés pour atteindre cet objectif. En agissant avec courage et pragmatisme, nous pourrons redonner à notre économie sa compétitivité et renforcer la confiance des citoyens.

"Baisser la TVA sur les produits français, valoriser le travail et simplifier les règles du jeu pour les employeurs et les salariés : voilà les clés pour une économie dynamique et juste. Ensemble, construisons une France où le travail et l'innovation sont au cœur du développement national."

Chapitre 11
La bureaucratie en France :
Freins, absurdités et solutions

Une complexité qui nous freine

La bureaucratie en France est devenue synonyme de lenteur et de lourdeur administrative. Si certaines règles sont indispensables pour structurer notre société, leur accumulation et leur complexité transforment ce système en un véritable obstacle pour les citoyens, les entreprises et les collectivités. Pire encore, l'argent public est souvent mal utilisé dans des normes inutiles, des processus redondants et des projets mal calibrés. Ce poids excessif ralentit notre développement économique et social, et donne l'impression que nous nous auto-sabotons.

Simplifier, moderniser et rationaliser sont devenus des impératifs pour libérer notre potentiel et retrouver une dynamique efficace.

Les absurdités de la bureaucratie française

1. Pour les citoyens : des démarches lourdes et redondantes

• **Renouvellement de la carte d'identité :** Malgré la numérisation de certaines démarches, on continue de demander des justificatifs déjà en possession de l'administration. Pourquoi ne pas simplement restituer l'ancienne pièce, mettre à jour les informations nécessaires (photo, signature) et recevoir un nouveau document ?

• **Changements d'adresse :** Aujourd'hui, les citoyens peuvent utiliser une plateforme centralisée pour signaler leur déménagement à plusieurs services administratifs. Cependant, certains organismes restent hors de ce système, ce qui nécessite encore des démarches manuelles.

2. Pour les entreprises : des freins à la compétitivité

• **Appels d'offres publics :** Les PME locales, souvent plus adaptées pour répondre à des besoins spécifiques, sont exclues par des critères administratifs trop rigides, laissant place à de grands groupes. Cela alourdit les coûts et retarde les projets.

• **Permis de construire :** Les délais d'obtention, parfois supérieurs à un an, ralentissent considérablement les projets de construction, qu'ils soient d'ordre privé ou public.

3. Pour les collectivités locales : des normes absurdes et des projets coûteux

• **Panneaux inutiles** : Certaines communes dépensent des milliers d'euros pour des panneaux signalant des dangers improbables.

• **Ronds-points coûteux et mal situés** : La France, championne du monde des ronds-points, en a construit des milliers, souvent sans étude préalable de leur réelle utilité, avec des coûts pouvant atteindre plusieurs centaines de milliers d'euros.

• **Doublons administratifs** : La gestion des subventions passe par plusieurs niveaux administratifs (commune, département, région), multipliant délais et dépenses.

L'argent public : un gaspillage évitable

1. Normes excessives :

• Certaines réglementations imposent des dépenses importantes pour des bénéfices limités. Exemple : des équipements coûteux installés dans des écoles, rarement utilisés, pour se conformer à des normes européennes peu adaptées au contexte local.

2. Projets mal calibrés :

• Les dépenses publiques pour des sculptures ou des installations artistiques peu appréciées par la population sont un exemple de budgets mal alloués. Ces fonds pourraient être mieux investis dans des projets utiles.

3. Études inutiles :

• Des études d'impact environnemental sont parfois exigées pour des projets mineurs, comme l'installation d'un abri bus, générant des coûts disproportionnés.

Propositions pour une administration efficace et rationnelle

1. Simplifier les démarches :

• **Plateforme unique :** Centraliser toutes les démarches administratives sur un portail numérique unique, permettant des traitements rapides et fluides.

• **"Silence vaut accord" :** Instaurer le principe selon lequel une demande est automatiquement validée si l'administration ne répond pas dans les délais légaux.

2. Rationaliser les normes et dépenses :

• **Audit des normes :** Identifier et éliminer les règles obsolètes ou inefficaces.

• **Proportionnalité :** Adapter les exigences réglementaires à la taille et à l'impact des projets.

3. Optimiser les appels d'offres :

• Réduire les critères administratifs et privilégier les entreprises locales pour encourager l'économie régionale et accélérer les projets.

4. Moderniser l'administration :

• **Former les agents publics :** Donner aux agents des outils modernes pour simplifier et accélérer les processus.

• **Automatiser les démarches simples :** Par exemple, les changements d'adresse ou les renouvellements de documents.

5. Recentrer l'action publique :

• Fusionner les structures administratives ayant des missions similaires pour éviter les doublons.

• Responsabiliser les collectivités locales en leur donnant plus de flexibilité et d'autonomie.

Une question de bon sens : économiser pour avancer

Ces exemples montrent à quel point la bureaucratie française est devenue un frein coûteux. En rationalisant les normes, en simplifiant les démarches et en optimisant les dépenses publiques, nous pourrions économiser des milliards d'euros chaque année. Cet argent pourrait être réinvesti dans des secteurs essentiels comme la santé, l'éducation ou la transition écologique.

Simplifier les démarches administratives et moderniser les processus redonneraient non seulement du temps et de l'énergie aux citoyens et aux entreprises, mais aussi de la confiance dans nos institutions.

Libérer la France de ses chaînes administratives

La bureaucratie française est devenue un obstacle majeur à notre développement. Chaque règle inutile, chaque projet mal planifié ou chaque dépense superflue freine notre progression et alourdit nos finances publiques. Pourtant, nous avons les moyens de changer cela. Une administration simplifiée, rationnelle et moderne serait un moteur pour la compétitivité, l'innovation et la satisfaction des citoyens.

"La France a tout pour réussir, mais nous devons oser simplifier, rationaliser et investir intelligemment. Libérons-nous des chaînes de la bureaucratie pour avancer ensemble vers un avenir plus dynamique et prospère."

Chapitre 12
Décentralisation et gouvernance locale : Rééquilibrer les pouvoirs

Un pays trop centralisé

La France est historiquement l'un des pays les plus centralisés d'Europe. Depuis des décennies, la prise de décision se concentre majoritairement à Paris, laissant les régions et les communes souvent dépourvues des moyens et de l'autonomie nécessaires pour répondre efficacement aux besoins de leurs habitants. Cette hyper-centralisation, bien qu'elle puisse offrir une vision d'ensemble, est souvent synonyme de lenteur, de déconnexion avec les réalités locales et d'inefficacité.

Pourtant, dans une société de plus en plus complexe et diversifiée, la décentralisation apparaît comme une solution évidente pour libérer les énergies locales, rapprocher les décisions des citoyens et moderniser la gouvernance.

Les limites de la centralisation

1. Un éloignement des réalités locales :

• Les décisions prises à Paris ne tiennent pas toujours compte des spécificités des territoires. Par exemple, les besoins d'une commune rurale diffèrent radicalement de ceux d'une grande métropole.

• Cette déconnexion alimente un sentiment d'abandon chez les habitants des zones rurales et périurbaines, qui se sentent peu ou mal représentés.

2. Des lenteurs administratives :

• Les collectivités locales doivent souvent attendre l'aval de l'État pour mener des projets essentiels. Ce processus peut ralentir des initiatives pourtant urgentes, comme l'aménagement de routes ou l'ouverture de services publics locaux.

3. Des inégalités territoriales :

• Les régions françaises n'ont pas toutes les mêmes moyens pour développer leurs infrastructures ou soutenir leurs populations. En 2019, les dépenses publiques locales représentaient 20 % du total des dépenses publiques en France, contre une moyenne de 32 % dans l'Union européenne, et jusqu'à 51 % en Suède. Cette disparité accentue les fractures territoriales, déjà marquées par des enjeux économiques et sociaux.

Les avantages d'une décentralisation renforcée

1. Une gouvernance locale plus réactive :

• En donnant plus de pouvoir aux régions, départements et communes, les décisions peuvent être prises plus rapidement et adaptées aux réalités locales.

2. Un lien renforcé avec les citoyens :

• Une gouvernance locale favorise la proximité avec les habitants, permettant une meilleure écoute de leurs préoccupations et un sentiment de représentation accrue.

3. Une gestion financière optimisée :

• Les collectivités locales, mieux informées des priorités de leur territoire, peuvent allouer les budgets de manière plus efficace et pertinente.

4. Une valorisation des territoires :

• Chaque région, avec ses spécificités culturelles et économiques, peut développer ses atouts en toute autonomie, contribuant ainsi à la richesse et à la diversité nationale.

Exemples de pays ayant réussi leur décentralisation

1. L'Allemagne :

• Pays fédéral où les Länder (États fédérés) disposent d'une autonomie significative. Ces régions gèrent des compétences clés comme l'éducation, les infrastructures et l'environnement, représentant 41 % des dépenses publiques totales.

2. La Suède :

• Ce pays se caractérise par une forte décentralisation, avec des municipalités responsables de nombreux services publics, notamment l'éducation et les services sociaux. Les dépenses publiques locales atteignent 51 % du total.

3. L'Espagne :

• Avec son système de communautés autonomes, l'Espagne a confié des compétences étendues aux régions, notamment en matière d'éducation et de santé. Les dépenses publiques locales y représentent 47 % du total.

Ces exemples montrent que la décentralisation peut être un levier puissant pour l'efficacité et le développement des territoires.

Propositions pour un rééquilibrage des pouvoirs

1. Accorder une autonomie financière accrue aux collectivités :

• Permettre aux régions et aux communes de lever directement certains impôts locaux, tout en assurant un mécanisme de péréquation pour éviter les inégalités entre territoires.

2. Renforcer les compétences locales :

• Confier aux collectivités la gestion complète de certains secteurs comme l'éducation primaire, les transports publics ou la transition écologique, tout en réduisant les interventions de l'État dans ces domaines.

3. Simplifier les relations entre l'État et les collectivités :

• Réduire les lourdeurs administratives en instaurant un "droit à l'expérimentation locale", permettant aux collectivités de tester des politiques adaptées à leurs besoins spécifiques.

4. Créer un cadre législatif clair pour la coopération intercommunale :

• Encourager les petites communes à collaborer dans des projets d'intérêt commun (développement économique, gestion des déchets) pour mutualiser leurs ressources et améliorer leur efficacité.

5. Renforcer la participation citoyenne :

• Développer les outils de démocratie participative, comme les consultations locales et les budgets participatifs, pour impliquer davantage les habitants dans les décisions qui les concernent.

Une question de bon sens : économiser et avancer

La décentralisation est également une opportunité pour réaliser des économies : en rapprochant les décisions des réalités locales, on limite les gaspillages liés à des projets inadaptés ou à une gestion éloignée des besoins. Un rééquilibrage des pouvoirs est donc non seulement une question de justice territoriale, mais aussi d'efficacité économique.

Une France plus équilibrée

La décentralisation ne signifie pas un affaiblissement de l'État, mais bien une modernisation de sa gouvernance. En libérant les énergies locales, en renforçant les pouvoirs des collectivités et en réduisant les lourdeurs administratives, la France peut redevenir un pays où chaque territoire, qu'il soit rural ou urbain, trouve sa place dans le développement national.

"Une France décentralisée est une France plus réactive, plus juste et plus en phase avec les attentes de ses citoyens. Osons rééquilibrer les pouvoirs pour bâtir un avenir où chaque territoire contribue pleinement à la richesse et au dynamisme de notre pays."

Chapitre 13
Souveraineté économique
et industrielle :
Relocaliser pour mieux produire

La souveraineté en péril

La crise sanitaire et les tensions géopolitiques ont mis en lumière une réalité inquiétante : **la France est devenue excessivement dépendante de chaînes d'approvisionnement extérieures.** Relocaliser notre production et renforcer notre souveraineté industrielle sont devenus des impératifs stratégiques. Cependant, ce défi est exacerbé par **les disparités économiques au sein de l'Europe**, où certains pays offrent des coûts de main-d'œuvre bien inférieurs, rendant la concurrence particulièrement difficile.

Au-delà du secteur des routiers, d'autres industries témoignent de ces écarts, qu'il s'agisse de la construction, des services informatiques ou de l'industrie manufacturière. Plutôt que de craindre cette concurrence, nous devons nous démarquer grâce à l'innovation, à une stratégie claire et à une coopération européenne renforcée.

Exemples concrets des défis liés à la concurrence européenne

1. Les routiers et la logistique :

• Les chauffeurs polonais et roumains, travaillant pour des salaires bien inférieurs à ceux des Français, occupent une part croissante du marché européen. Cette situation pousse certaines entreprises françaises à sous-traiter, affaiblissant ainsi l'emploi local.

• *Conséquence :* Une pression accrue sur les salaires et des difficultés à recruter dans le secteur.

2. L'industrie manufacturière :

• La Pologne attire des investissements étrangers, notamment dans l'automobile et l'électronique, grâce à des coûts salariaux compétitifs. Par exemple, plusieurs usines de sous-traitance automobile, auparavant basées en France, ont été déplacées en Europe de l'Est.

• *Conséquence :* Une baisse des capacités de production en France, augmentant notre dépendance aux importations.

3. Le secteur de la construction :

• Les travailleurs détachés représentent une part significative de la main-d'œuvre sur les chantiers français. En 2022, des milliers d'ouvriers polonais, roumains ou bulgares ont été employés pour des missions temporaires, souvent à des coûts inférieurs à ceux des ouvriers français.

• *Conséquence :* Une concurrence déloyale pour les artisans locaux et une pression à la baisse sur les conditions de travail.

4. Les services informatiques et externalisation :

• De nombreuses entreprises françaises externalisent leurs services informatiques vers la Pologne ou d'autres pays à faible coût. Ces pratiques réduisent les opportunités d'emplois qualifiés en France.

• *Conséquence :* Une perte de compétences techniques locales et une dépendance accrue à des prestataires étrangers.

Se démarquer : une stratégie ambitieuse pour la souveraineté

1. Investir dans les secteurs stratégiques :

• **L'électronique et les semi-conducteurs :** Rattraper le retard français pour garantir une production nationale suffisante.

• **L'énergie :** Accélérer le développement des énergies renouvelables et du nucléaire pour assurer une indépendance énergétique.

• **La santé :** Relocaliser la fabrication de médicaments et de dispositifs médicaux.

2. Réduire les écarts de compétitivité en Europe :

• Harmoniser les conditions de travail et les salaires dans l'Union européenne pour éviter le dumping social.

• Instaurer des règles fiscales communes pour garantir une concurrence équitable entre les pays membres.

3. Soutenir l'innovation et la formation :

• Créer des pôles d'excellence technologique pour attirer les talents et les investisseurs.

• Moderniser les formations techniques et valoriser les métiers industriels.

4. Encourager la consommation locale :

• Réduire la TVA sur les produits 100 % fabriqués en France, avec une traçabilité stricte pour garantir leur origine.

• Sensibiliser les consommateurs aux avantages économiques et écologiques du "Made in France".

5. Renforcer l'attractivité de la France :

• Offrir une fiscalité stable et incitative pour les investissements dans l'industrie.

• Simplifier les démarches administratives pour créer ou relocaliser une entreprise.

Propositions concrètes pour un équilibre entre compétitivité et souveraineté

1. Créer un fonds souverain industriel européen :

• Permettre aux pays membres d'investir conjointement dans des projets industriels stratégiques, comme les batteries électriques ou l'intelligence artificielle.

2. Développer des zones franches industrielles :

• Accorder des avantages fiscaux spécifiques pour les entreprises industrielles s'implantant dans des régions touchées par le chômage.

3. Encadrer le travail détaché :

• Garantir que les travailleurs détachés respectent les mêmes conditions salariales et sociales que les employés locaux.

4. Favoriser les circuits courts dans la construction :

• Imposer un minimum de 30 % de matériaux locaux pour les projets publics, afin de soutenir les producteurs français.

Une souveraineté collective pour l'Europe et la France

La souveraineté industrielle ne se construira pas contre l'Europe, mais avec elle. Il est impératif de coopérer pour réduire les écarts de compétitivité tout en valorisant les atouts spécifiques de la France. Relocaliser, innover et renforcer notre attractivité sont les clés pour garantir notre indépendance économique et notre prospérité future.

"Le chemin vers une souveraineté industrielle passe par l'audace et la coopération. En misant sur notre savoir-faire et en harmonisant les règles européennes, nous pourrons faire de la France un modèle de résilience et de compétitivité."

Chapitre 14
Vision internationale :
La France dans le monde

Une puissance à réaffirmer

La France, forte de son histoire, de sa culture et de sa diplomatie, s'est toujours positionnée comme un acteur incontournable sur la scène mondiale. Cependant, les défis contemporains posent des questions sur notre capacité à maintenir cette influence. Bien que reconnue comme un défenseur des droits de l'homme et un promoteur de la justice internationale, des enjeux internes, tels que les conditions de vie des SDF, rappellent que nos valeurs doivent s'accompagner d'une exemplarité nationale.

Pour retrouver pleinement son rôle de leader, la France doit construire un pont entre son héritage historique et les exigences actuelles. Cela exige des actions concrètes, une vision renouvelée et un pragmatisme à toute épreuve.

Les piliers historiques de l'influence française

1. Un rayonnement culturel universel :

• **La langue française :** Le français, parlé par environ 300 millions de personnes, reste un atout majeur pour diffuser nos valeurs et notre culture.

• **Le patrimoine et les arts :** La richesse culturelle française, avec des institutions emblématiques comme le Louvre ou des festivals internationaux, continue d'attirer des millions de visiteurs et de renforcer notre "soft power".

2. Un engagement pour les droits de l'homme :

• Historiquement, la France s'est affirmée comme une voix forte pour les libertés individuelles et la justice internationale. Cependant, des défis internes, comme la gestion des sans-abris, montrent que cet engagement doit aussi s'appliquer à notre propre territoire.

• Renforcer la cohérence entre nos discours internationaux et nos actions nationales est essentiel pour préserver notre crédibilité.

3. Une force militaire et stratégique :

• La France reste l'une des puissances militaires les plus influentes en Europe, capable d'intervenir rapidement sur les théâtres internationaux. Cependant, la suppression du service national et le sous-investissement dans certains secteurs stratégiques, comme la cybersécurité, limitent notre capacité d'action.

• Repenser notre défense est crucial pour affirmer notre souveraineté et répondre aux menaces contemporaines.

4. Une diplomatie proactive :

• En tant que membre permanent du Conseil de sécurité de l'ONU, la France a une position privilégiée pour peser dans les grandes décisions internationales. Toutefois, l'émergence de nouvelles puissances, comme la Chine ou l'Inde, exige une diplomatie plus agile et innovante.

Les défis contemporains : relier le passé et le futur

1. Une cohérence entre valeurs et actions :

• Si la France défend les droits humains sur la scène internationale, elle doit également être exemplaire en interne. L'amélioration des infrastructures pour les SDF et la lutte contre les inégalités sociales sont des enjeux cruciaux pour crédibiliser notre discours.

2. Une défense modernisée :

• Le renforcement de notre défense nationale, via des investissements dans des secteurs stratégiques comme les drones, l'intelligence artificielle et la cybersécurité, est essentiel pour répondre aux menaces modernes.

• Recréer un lien entre citoyens et défense pourrait passer par un programme de service civique ou militaire modernisé.

3. Des relations internationales équilibrées :

• La France doit redéfinir ses partenariats, notamment avec les pays africains, en s'éloignant des approches paternalistes pour bâtir des relations basées sur la coopération et le respect mutuel.

4. Un leadership environnemental crédible :

• Bien que la France ait joué un rôle clé dans l'Accord de Paris, elle doit accélérer ses efforts pour répondre aux attentes internationales en matière de transition écologique.

Propositions pour une vision internationale renouvelée

1. Moderniser la défense nationale :

• Investir dans la modernisation des équipements militaires et recruter des spécialistes pour des secteurs clés comme la cybersécurité.

• Instaurer un service civique obligatoire avec une dimension militaire ou sociale, pour renforcer le lien entre les citoyens et la défense.

2. Harmoniser nos engagements sur les droits humains :

• Mieux aligner les discours internationaux et les actions nationales pour répondre aux critiques sur des sujets comme les SDF.

• Soutenir des projets internationaux en faveur des droits fondamentaux tout en renforçant nos infrastructures sociales.

3. Innover dans la diplomatie culturelle :

• Développer des partenariats éducatifs et culturels, avec des bourses pour les étudiants étrangers venant de régions stratégiques.

• Renforcer la présence des industries culturelles françaises à l'étranger.

4. Renforcer la souveraineté européenne :

• Jouer un rôle moteur dans la création d'une défense européenne autonome.

• Bâtir des alliances bilatérales stratégiques avec des pays partageant des priorités communes (Allemagne, Italie, Espagne).

Une France ambitieuse et pragmatique

Pour rester influente, la France doit conjuguer valeurs historiques et adaptations stratégiques. Cela passe par un investissement dans la défense, une diplomatie cohérente et un engagement pour des solutions innovantes face aux défis contemporains. En alignant ses discours et ses actions, en modernisant ses outils et en affirmant son rôle au sein de l'Europe, la France peut retrouver pleinement sa place de leader mondial.

"La grandeur de la France réside dans sa capacité à allier héritage et modernité pour construire un avenir ambitieux et responsable. C'est ce qui fera d'elle un acteur incontournable sur la scène internationale."

Chapitre 15
Informer ou influencer ?

Les médias, un pilier en crise

Les médias occupent une place centrale dans nos sociétés modernes. Ils diffusent l'information, façonnent l'opinion publique et influencent les débats démocratiques. Cependant, leur rôle est aujourd'hui questionné. Entre la prolifération de fausses informations, la polarisation croissante des opinions et une méfiance généralisée envers les institutions médiatiques, la confiance des citoyens s'effrite.

Les médias doivent-ils se contenter de relayer des faits ou doivent-ils assumer une responsabilité plus large dans la construction d'une société éclairée ? Et comment rétablir la confiance dans un paysage médiatique en pleine mutation ?

Les forces et faiblesses des médias français

1. Une diversité parfois illusoire :

• La France dispose d'un large éventail de médias, mais cette diversité est souvent remise en cause par une uniformisation des contenus et une concentration des moyens. Cela peut entraîner une perception de partialité ou d'agendas prédéterminés.

2. Une crise de confiance :

• De nombreux citoyens jugent que les médias manquent d'indépendance et ne reflètent pas suffisamment la pluralité des opinions. Ce sentiment est renforcé par une couverture médiatique parfois jugée sensationnaliste ou trop orientée.

3. Le défi de la désinformation :

• Avec l'émergence des réseaux sociaux, les fausses informations se propagent plus vite que jamais. Cette prolifération complique la tâche des médias traditionnels, qui doivent réagir rapidement tout en vérifiant leurs sources.

Les défis actuels des médias

1. La lutte contre la désinformation :

• Les fausses informations, souvent amplifiées par les plateformes numériques, alimentent les divisions et sapent la confiance dans les institutions. Les médias doivent trouver des moyens innovants pour contrer cette tendance sans sombrer dans une guerre de crédibilité.

2. La course à l'immédiateté :

• La pression pour publier rapidement des informations, sous peine d'être devancés par d'autres, peut entraîner des erreurs ou un manque de profondeur dans le traitement des sujets.

3. L'éducation aux médias :

• Une grande partie de la population ne dispose pas des outils pour analyser les informations qu'elle consomme. Cette lacune rend les citoyens plus vulnérables face à la manipulation ou aux récits simplifiés.

Propositions pour un paysage médiatique renouvelé

1. Renforcer la lutte contre la désinformation :

• Développer des partenariats entre les médias et des organismes de fact-checking pour vérifier les informations de manière systématique.

• Promouvoir des campagnes de sensibilisation à destination du grand public, afin d'apprendre à identifier et contrer les fausses informations.

2. Encourager la diversité des contenus :

• Soutenir les médias indépendants et locaux pour garantir une pluralité d'opinions.

• Favoriser des formats longs et approfondis pour traiter des sujets complexes, loin de la pression de l'immédiateté.

3. Rétablir la confiance :

• Promouvoir la transparence sur les processus éditoriaux et les sources de financement des médias.

• Impliquer les citoyens dans la construction des programmes, par exemple via des consultations ou des débats publics.

4. Éduquer à l'information :

• Intégrer des cours d'éducation aux médias dans les programmes scolaires, pour apprendre à analyser et décrypter les contenus.

• Sensibiliser les adultes, notamment via des campagnes nationales, pour développer un esprit critique face à l'information.

5. Encourager l'innovation :

• Soutenir des initiatives numériques pour créer des plateformes qui favorisent l'accès à une information fiable et diversifiée.

• Investir dans des technologies capables de repérer et signaler les contenus trompeurs, tout en respectant la liberté d'expression.

Informer pour éclairer, pas influencer

Le rôle des médias est fondamental dans une démocratie. Ils doivent permettre aux citoyens de comprendre le monde qui les entoure, de se forger des opinions et de participer aux débats publics en toute connaissance de cause. Pour cela, il est impératif que les médias renforcent leur indépendance, leur transparence et leur capacité à lutter contre les fausses informations.

Informer n'est pas manipuler, c'est éclairer. Les médias ont aujourd'hui l'opportunité de se réinventer pour redevenir des acteurs de confiance et des piliers de la démocratie.

Chapitre 16
Redonner espoir et sens à la France

Depuis des décennies, la France traverse des turbulences qui semblent remettre en question ses fondations, ses valeurs et son rôle dans le monde. Ce livre n'est pas un constat d'échec, mais un appel à la lucidité et au courage.

Il ne s'agit pas de nier les forces et les atouts de notre pays, mais de reconnaître que les blocages, les contradictions et les résistances au changement freinent notre progression. La France, riche de son histoire et de ses talents, ne manque pas de ressources pour avancer. Ce qui lui fait défaut, c'est une vision claire, portée par des actions concrètes, capables de répondre aux attentes des citoyens et aux défis de notre époque.

Un appel au bon sens et à la responsabilité

Tout au long de ces pages, j'ai voulu mettre en lumière des problématiques clés : l'emploi, l'éducation, la fiscalité, l'écologie, la justice, la souveraineté industrielle et le rôle de la France dans le monde. Ces thèmes, souvent abordés séparément, sont en réalité profondément liés. Les solutions ne peuvent être cloisonnées. Elles demandent un effort collectif, une politique audacieuse, mais surtout, une volonté de dépasser les clivages et les intérêts partisans.

Nous ne pouvons plus nous permettre de temporiser. Les blocages bureaucratiques, les décisions politiques dictées par l'électoralisme, et les discours creux doivent céder la place à des actions pragmatiques et orientées vers l'avenir. Il est temps d'arrêter de nous tirer une balle dans le pied et d'utiliser enfin nos forces pour avancer ensemble.

La France que j'imagine

La France que j'imagine est une France où le travail est valorisé et redevient une source de fierté, où l'éducation forme des citoyens éclairés et des professionnels compétents, où l'écologie est portée par le bon sens et la coopération, et non par la contrainte. C'est une France où la justice est rapide, équitable et adaptée à son époque, où la souveraineté industrielle et alimentaire renforce notre indépendance et notre résilience. C'est une France où la culture du dialogue et de la participation reconnecte les citoyens avec leurs institutions, et où l'Europe est une alliée, pas une contrainte, et contribue à notre rayonnement mondial.

Je crois en une France où l'innovation, l'audace et le pragmatisme sont les moteurs d'une société plus juste et plus prospère.

Un message à mes lecteurs

Ce livre n'a pas la prétention d'apporter toutes les réponses, mais il se veut une invitation à réfléchir, à débattre et à agir. Les solutions ne viendront pas uniquement des décideurs politiques ou des institutions. Elles viendront aussi des citoyens, des entrepreneurs, des enseignants, des associations, et de tous ceux qui, chaque jour, agissent pour améliorer notre pays.

La France a traversé des crises bien plus graves dans son histoire. Elle a toujours su rebondir grâce à l'énergie, la créativité et la volonté de son peuple. Aujourd'hui encore, je suis convaincu que nous avons les moyens de surmonter ces défis et de retrouver une France forte, solidaire et respectée.

Alors, soyons lucides sur nos faiblesses, mais audacieux dans nos ambitions. Le changement commence par une prise de conscience collective. Il est temps de construire, ensemble, une France libérée de ses chaînes, fidèle à ses valeurs et tournée vers l'avenir.

Redonnons à la France sa voix et à ses citoyens leur fierté. Construisons une société où chacun a sa place, son rôle, et la possibilité de contribuer à un avenir meilleur. Cette France est possible, si nous avons le courage d'agir maintenant.

**Dépôt légal
Janvier 2025**